JN043920

山口県の教員採用試験過去問シリーズ⑬

2025年度版

山口県の論作文・面接

過去問

協同教育研究会 編

協同出版

はじめに～「過去問」シリーズ利用に際して～

教育を取り巻く環境は変化しつつあり，日本の公教育そのものも，教員免許更新制の廃止やGIGAスクール構想の実現などの改革が進められています。また，現行の学習指導要領では「主体的・対話的で深い学び」を実現するため，指導方法や指導体制の工夫改善により，「個に応じた指導」の充実を図るとともに，コンピュータや情報通信ネットワーク等の情報手段を活用するために必要な環境を整えることが示されています。

一方で，いじめや体罰，不登校，暴力行為など，教育現場の問題もあいかわらず取り沙汰されており，教員に求められるスキルは，今後さらに高いものになっていくことが予想されます。

本書の基本構成としては，論作文・面接試験の概要，過去数年間の論作文の過去問題及びテーマと分析と論点，面接試験の内容を掲載しています。各自治体や教科によって掲載年数をはじめ，論作文の書き方や面接試験対策を掲載するなど，内容が異なります。

また原則的には一般受験を対象としております。特別選考等については対応していない場合があります。なお，実際に出題された順番や構成を，編集の都合上，変更している場合があります。あらかじめご了承ください。

みなさまが，この書籍を徹底的に活用し，教員採用試験の合格を勝ち取って，教壇に立っていただければ，それはわたくしたちにとって最上の喜びです。

協同教育研究会

CONTENTS

第1部

論作文・面接試験の概要

論作文試験の概要

論作文試験の意義

近年の論作文では，受験者の知識や技術はもちろんのこと，より人物重視の傾向が強くなってきている。それを見る上で，各教育委員会で論作文と面接型の試験を重視しているのである。論作文では，受験者の教職への熱意や教育問題に対する理解や思考力，そして教育実践力や国語力など，教員として必要な様々な資質を見ることができる。あなたの書いた論作文には，あなたという人物が反映されるのである。その意味で論作文は，記述式の面接試験とは言え，合否を左右する重みを持つことが理解できるだろう。

論作文には，教職教養や専門教養の試験と違い，完全な正答というものは存在しない。読み手は，表現された内容を通して，受験者の教職の知識・指導力・適性などを判定すると同時に，人間性や人柄を推しはかる。論作文の文章表現から，教師という専門職にふさわしい熱意と資質を有しているかを判断しているのである。

論作文を書き手，つまり受験者の側から見れば，論作文は自己アピールの場となる。そのように位置付ければ，書くべき方向が見えてくるはずである。自己アピール文に，教育評論や批判，ましてやエッセイを書かないであろう。論作文は，読み手に自分の教育観や教育への熱意を伝え，自分を知ってもらうチャンスに他ならないのである

以上のように論作文試験は，読み手(採用側)と書き手(受験者)の双方を直接的につなぐ役割を持っているのである。まずはこのことを肝に銘じておこう。

論作文試験とは

文章を書くということが少なくなった現在でも，小中学校では作文，

大学では論文が活用されている。また社会人になっても，企業では企画書が業務の基礎になっている。では，論作文の論作文とは具体的にはどのようなものなのだろうか。簡単に表現してしまえば，作文と論文と企画書の要素を足したものと言える。

小学校時代から慣れ親しんだ作文は，自分の経験や思い出などを，自由な表現で綴ったものである。例としては，遠足の作文や読書感想文などがあげられる。遠足はクラス全員が同じ行動をするが，作文となると同じではない。異なる視点から題材を構成し，各々が自分らしさを表現したいはずである。作文には，自分が感じたことや体験したことを自由に率直に表現でき，書き手の人柄や個性がにじみ出るという特質がある。

一方，作文に対して論文は，与えられた条件や現状を把握し，論理的な思考や実証的なデータなどを駆使して結論を導くものである。この際に求められるのは，正確な知識と分析力，そして総合的な判断力と言える。そのため，教育に関する論文を書くには，現在の教育課題や教育動向を注視し，絶えず教育関連の流れを意識しておくことが条件になる。勉強不足の領域での論文は，十分な根拠を示すことができずに，説得力を持たないものになってしまうからである。

企画書は，現状の分析や把握を踏まえ，実現可能な分野での実務や計画を提案する文書である。新しい物事を提案し認めてもらうには，他人を納得させるだけの裏付けや意義を説明し，企画に対する段取りや影響も予測する必要がある。何事においても，当事者の熱意や積極性が欠けていては，構想すら不可能である。このように企画書からは，書き手の物事への取り組む姿勢や，将来性が見えてくると言える。

論作文には，作文の経験を加味した独自の部分と，論文の知識と思考による説得力を持つ部分と，企画書の将来性と熱意を表現する部分を加味させる。実際の論作文試験では，自分が過去にどのような経験をしたのか，現在の教育課題をどのように把握しているのか，どんな理念を持ち実践を試みようと思っているのか，などが問われる。このことを念頭に置いた上で，論作文対策に取り組みたい。

面接試験の概要

面接試験の意義

論作文における筆記試験では，教員として必要とされる一般教養，教職教養，専門教養などの知識やその理解の程度を評価している。また，論作文では，教師としての資質や表現力，実践力，意欲や教育観などをその内容から判断し評価している。それに対し，面接試験は，教師としての適性や使命感，実践的指導能力や職務遂行能力などを総合し，個人の人格とともに人物評価を行おうとするものである。

教員という職業は，児童・生徒の前に立ち，模範となったり，指導したりする立場にある。そのため，教師自身の人間性は，児童・生徒の人間形成に大きな影響を与えるものである。そのため，特に教員採用においては，面接における人物評価は重視されるべき内容であり，最近ではより面接が重視されるようになってきている。

面接試験とは

面接試験は，すべての自治体の教員採用選考試験において実施されている。最近では，教育の在り方や教師の役割が厳しく見直され，教員採用の選考においても教育者としての資質や人柄，実践的指導力や社会的能力などを見るため，面接を重視するようになってきている。特に近年では，1次選考で面接試験を実施したり，1次，2次選考の両方で実施するところも多くなっている。

面接の内容も，個人面接，集団面接，集団討議(グループ・ディスカッション)，模擬授業，場面指導といったように多様な方法で複数の面接試験を行い，受験者の能力，適性，人柄などを多面的に判断するようになってきている。

最近では，全国的に集団討議(グループ・ディスカッション)や模擬授業を実施するところが多くなり，人柄や態度だけでなく，教員としての社会的な能力の側面や実践的な指導能力についての評価を選考基準として重視するようになっている。内容も各自治体でそれぞれに工夫されていて，板書をさせたり，号令をかけさせたりと様々である。

このように面接が重視されてきているにもかかわらず，筆記試験への対策には，十分な時間をかけていても，面接試験の準備となると数回の模擬面接を受ける程度の場合がまだ多いようである。

面接で必要とされる知識は，十分な理解とともに，あらゆる現実場面において，その知識を活用できるようになっていることが要求される。知っているだけでなく，その知っていることを学校教育の現実場面において，どのようにして実践していけるのか，また，実際に言葉や行動で表現することができるのか，といったことが問われている。つまり，知識だけではなく，智恵と実践力が求められていると言える。

なぜそのような傾向へと移ってきているのだろうか。それは，いまだ改善されない知識偏重の受験競争をはじめとして，不登校，校内暴力だけでなく，大麻，MDMA，覚醒剤等のドラッグや援助交際などの青少年非行の増加・悪質化に伴って，教育の重要性，教員の指導力・資質の向上が重大な関心となっているからである。

今，教育現場には，頭でっかちのひ弱な教員は必要ない。このような複雑・多様化した困難な教育状況の中でも，情熱と信念を持ち，人間的な触れ合いと実践的な指導力によって，改善へと積極的に努力する教員が特に必要とされているのである。

面接試験のねらい

面接試験のねらいは，筆記試験ではわかりにくい人格的な側面を評価することにある。面接試験を実施する上で，特に重視される視点としては次のような項目が挙げられる。

① 人物の総合的評価　面接官が実際に受験者と対面することで，容姿，態度，言葉遣いなどをまとめて観察し，人物を総合的に評価することができる。これは面接官の直感や印象によるところが大きい

が，教師は児童・生徒や保護者と全人的に接することから，相手に好印象を与えることは好ましい人間関係を築くために必要な能力と言える。

② 性格・適性の判断　面接官は，受験者の表情や応答態度などの観察から性格や教師としての適性を判断しようとする。実際には，短時間での面接のため，社会的に，また，人生の上でも豊かな経験を持った学校長や教育委員会の担当者などが面接官となっている。

③ 志望動機・教職への意欲などの確認　志望動機や教職への意欲などについては，論作文でも判断することもできるが，面接では質問による応答経過の観察によって，より明確に動機や熱意を知ろうとしている。

④ コミュニケーション能力の観察　応答の中で，相手の意思の理解と自分の意思の伝達といったコミュニケーション能力の程度を観察する。中でも，質問への理解力，判断力，言語表現能力などは，教師として教育活動に不可欠な特性と言える。

⑤ 協調性・指導性などの社会的能力(ソーシャル・スキル)の観察　ソーシャル・スキルは，教師集団や地域社会との関わりや個別・集団の生徒指導において，教員として必要とされる特性の一つである。これらは，面接試験の中でも特に集団討議(グループ・ディスカッション)などによって観察・評価されている。

⑥ 知識・教養の程度や教職レディネスを知る　筆記試験において基本的な知識・教養については評価されているが，面接試験においては，さらに質問を加えることによって受験者の知識・教養の程度を正確に知ろうとしている。また，具体的な教育課題への対策などから，教職への準備の程度としての教職レディネス(準備性)を知る。

第2部

山口県の
論作文・面接
実施問題

2024年度　論作文実施問題

【全校種・2次試験】50分・800字以内

●テーマ

今日，いじめをはじめとして生徒指導上の課題が複雑化する中，課題を抱えている特定の児童生徒への指導・援助だけでなく，全ての児童生徒の発達を支える生徒指導も重要とされています。あなたは，なぜ，このような生徒指導が重要だと考えますか。

また，あなたは教員として，日常的な教育活動の中で，どのようなことに気を付けながら生徒指導に取り組んでいきますか。具体的に書いてください。

●方針と分析

(方針)

まず，生徒指導において，課題予防や早期対応が重要とされている理由を論じる。次に，日常的な教育活動の中でどのようなことに気を付けながら生徒指導に取り組んでいくか具体的に述べる。

(分析)

令和4年12月に改訂された生徒指導提要において，生徒指導に関わる「課題予防的生徒指導」という言葉が示された。そこでは，「課題未然防止教育」と「課題早期発見対応」の重要性が強調されている。

「課題未然防止教育」では，全ての児童生徒を対象に，生徒指導の諸課題の未然防止をねらいとした意図的・組織的・系統的な教育プログラムを実施することである。具体的には，いじめ防止教育，SOSの出し方教育を含む自殺予防教育，薬物乱用防止教育，情報モラル教育，非行防止教室等がこれに該当し，生徒指導部を中心にSC等の専門家の協力も得ながら年間指導計画に位置付け，実践することが重要である。

一方「課題早期発見対応」では，課題の予兆行動が見られたり，問題行動のリスクが高まったりするなど，気になる一部の児童生徒を対象に深刻な問題に発展しないように，初期の段階で諸課題を発見し，対応することとしている。ある時期に成績が急落する，遅刻・早退・欠席が増える，身だしなみに変化が生じたりする児童生徒に対して，いじめや不登校，自殺などの深刻な事態に至らないように，早期に教育相談や家庭訪問などを行い，実態に応じて迅速に対応することが重要であるとしている。「課題の早期発見」では，いじめアンケートのような質問紙に基づくスクリーニングテストや，SCなどの専門家を交えたスクリーニング会議によって気になる児童生徒を早期に見いだすことが重要である。「早期対応」では，主に，学級・ホームルーム担任が生徒指導主事等と協力して，機動的に課題解決を行う機動的連携型支援チームで対応することとなる。

これらを，具体的な生徒指導の取組みを考える際の視点としたい。

●作成のポイント

800字という文字数制限なので，一般的な形式である序論・本論・結論の三段構成で論じるとよい。

序論では，まず，生徒指導において，課題予防や早期対応が重要である理由について，改訂された生徒指導提要などの考え方を基にして論じ，これからの生徒指導は問題行動への対応という消極的な面だけにとどまらず，課題の予兆的段階や初期状態における指導・援助を行う課題早期発見対応の重要性を強調したい。この序論を200字程度で論じる。

本論では，序論で述べた「課題未然防止教育」と「課題早期発見対応」に基づいた指導について，具体的にどのような指導に取組んでいくか，二つ程度に整理して論述する。その際，「課題未然防止教育」と「課題早期発見対応」それぞれから一つずつ選択するとよいだろう。本論ではそれぞれを250字程度，計500字程度で論じたい。

結論では，テーマである課題予防や早期対応を重視した生徒指導を俯瞰的に捉え，本論で取り上げた方策の基本となる考え方や教師としての姿勢などを含め生徒指導の機能を充実させていく決意を100字程度で述べて，論文をまとめる。

【教職チャレンジサポート特別選考・2次試験】50分・800字以内

●テーマ

今日，いじめをはじめとして生徒指導上の課題が複雑化する中，生徒指導は課題予防や早期対応が重要とされています。あなたは，なぜ，このような対応が重要だと考えますか。

また，あなたは教員として，日常的な教育活動の中で，どのようなことに気を付けながら生徒指導に取り組んでいきますか。具体的に書いてください。

●方針と分析

(方針)

生徒指導において，全ての児童生徒の発達を支える生徒指導が重要とされている理由をまず論じる。次に，日常的な教育活動の中で，どのようなことに気を付けながら生徒指導に取り組んでいくか具体的に述べる。

(分析)

いじめをはじめとした生徒指導上の課題が複雑化しており，その対応も一様ではない。学習指導要領総則解説編では，「生徒指導が，一人一人の児童の健全な成長を促し，児童自ら現在及び将来における自己実現を図っていくための自己指導能力の育成を目指すという生徒指導の積極的な意義を踏まえ，学校の教育活動全体を通じ，学習指導と関連付けながら，その一層の充実を図っていくことが必要である」としている。

ここでは，この「自己指導能力の育成」という言葉に着目する必要がある。これは，生徒指導が「一人一人の児童生徒の人格を尊重し，個性の伸長を図りながら，社会的資質や行動力を高めるように指導，援助するもの」であり，単に「児童生徒の問題行動への対応という消極的な面だけにとどまるものではない」ことを示している。したがって，学校の教育活動全体を通して，一人一人の児童生徒の健全な成長を促し，児童生徒が自ら現在及び将来における自己実現を図っていくための「自己指導能力」の育成を目指して児童生徒の発達を支える生徒指導にしていかなければならないのである。それが生徒指導の積極的意義であり，設問の意図である。

令和4年12月に改訂された生徒指導提要においても，「児童生徒の自己指導能力の獲得を支える生徒指導では，多様な教育活動を通して，児童生徒が主体的に課題に挑戦してみることや多様な他者と協働して創意工夫することの重要性等を実感すること」の大切さを指摘したうえで，生徒指導の方法として「児童生徒理解」「集団指導と個別指導」「ガイダンスとカウンセリング」「チーム支援による組織的対応」を挙げている。具体的な生徒指導を考える際の視点としたい。

●作成のポイント

800字という文字数なので，一般的な形式である序論・本論・結論の三段構成で論じるとよい。

序論では，まず，全ての児童生徒の発達を支える生徒指導が重要である理由について，学習指導要領や生徒指導提要などの考え方を基にして説明し，これからの生徒指導は問題行動への対応という消極的な面だけにとどまらず，自己指導能力の育成という積極的意義に基づいた指導をしていくことの重要性を論じる。この序論を，200字程度で述べる。

本論では，序論で述べた生徒指導の積極的意義に基づいた指導について，具体的にどのような指導に取り組んでいくか，二つ程度に整理して論述する。その際，児童生徒理解に基づく指導，一人一人の児童生徒の良さを伸ばす指導，チームで行う生徒指導といった視点など，異なる視点から選択するようにするとよい。それぞれを250字程度，計500字程度で論じる。

結論では，テーマである全ての児童生徒の発達を支える生徒指導を俯瞰的に捉え，本論で取り上げた方策の基本となる考え方や教師としての姿勢などを含め，児童生徒の自己指導能力を育成し，発達を支える生徒指導にしていく決意を100字程度で述べて，論文をまとめる。

2023年度　論作文実施問題

【全校種(養護教諭以外)・2次試験】　50分・800字

●テーマ

急激に変化する時代の中で，学校教育においては全ての子どもたちの可能性を引き出す，「個別最適な学び」と「協働的な学び」の実現が求められています。あなたは，なぜ，この実現が求められていると考えますか。

また，あなたは教員として，その実現に向けて，どのようなことに取り組んでいきますか。具体的に書いてください。

●方針と分析

(方針)

中央教育審議会の答申で示された「個別最適な学び」と「協働的な学び」について簡潔に述べるとともに，こうした学びを実現することの重要性について論じる。そのうえで，「個別最適な学び」と「協働的な学び」を実現するためにどのような取り組みをしていくか具体的に論じる。

(分析)

令和3年1月26日，中央教育審議会は「『令和の日本型学校教育』の構築を目指して　～全ての子供たちの可能性を引き出す，個別最適な学びと，協働的な学びの実現～」を答申した。この答申で注目されているのが「個別最適な学び」と「協働的な学び」という考え方である。

答申では，まず「児童生徒はそれぞれ能力・適性，興味・関心，性格等が異なっており，また，知識，思考，価値，心情，技能，行動等も異なっている。個々の児童生徒の特性等を十分理解し，それに応じた指導を行うことが必要であり，指導方法の工夫改善を図ることが求められる」とし，子ども一人一人の多様性に向き合うことの必要性を強調している。すなわち，子供の学びは個々の子どもによって異なるということが大前提となっているのである。

そのうえで，「指導の個別化」と「学習の個性化」という考え方を示している。「指導の個別化」とは，子ども一人一人の特性や学習進度学習到達度等に応じ，指導方法・教材や学習時間等の柔軟な提供・設定を行うことである。また「学習の個性化」とは，教師が子ども一人一人に応じた学習活動や学習課題に取り組む機会を提供することで，子ども自身の学習が最適となるよう調整することである。この「指導の個別化」と「学習の個性化」を教師視点から整理した概念が「個に応じた指導」であり，この「個に応じた指導」を学習者視点から整理した概念が「個別最適な学び」である，と説明されている。

すなわち，「個別最適な学び」と「個に応じた指導」は，同一の教育活動を異なる側面から整理したものである。したがって「個別最適な学び」という特別な指導方法があるのではなく，「個に応じた指導」を充実させると考えると分かりやすいだろう。

一方，同答申では「個別最適な学び」が「孤立した学び」に陥ることを避けなければならないとし，これまでの学校教育で重視されてきた内容について，「探究的な学習や体験活動などを通じ，子ども同士で，あるいは地域の方々をはじめ多様な他者と協働しながら，あらゆる他者を価値のある存在として尊重し，様々な社会的な変化を乗り越え，持続可能な社会の創り手となることができるよう，必要な資質・能力を育成する『協働的な学び』を充実することも重要である」と述べている。この「協働的学び」では，「子供一人一人のよい点や可能性を生かすことで，異なる考え方が組み合わさり，よりよい学びを生み出していくようにすること」が大切であるとしている。

●作成のポイント

序論，本論，結論の三段構成で論じる。

序論では，なぜテーマである「個別最適な学び」と「協働的な学び」の充実が求められているのか，自身の考えを述べる。その際，「児童はそれぞれ能力・適性，興味・関心，性格等が異なっており，また，知識，思考，価値，心情，技能，行動等も異なっている」という児童生徒観，「子供の学びは個々の子供によって異なる」という学力観とともに，「異なる考え方が組み合わさり，よりよい学びを生み出していく」といった授業感を示すことが重要である。そのうえで，「個別最適な学び」と「協働的な学び」を進めるための教育活動の視点を示す。

本論では，「個別最適な学び」と「協働的な学び」を進めるための具体的な方策について，あなたの受験する校種や教科に即して二つ程度に整理して述べる。その際，「主体的・対話的で深い学び」の実現であることに留意して述べるようにしたい。

結論では，こらからの山口県を担っていく子どもを育てるために，すべての教育活動で「個別最適な学び」と「協働的な学び」を実現していくという強い決意を述べて小論文をまとめる。

【養護教諭・2次試験】 50分・800字

●テーマ

近年，子どもが抱える心の健康問題が多様化，複雑化しており，その対応が重要な課題となっています。あなたは，子どもが抱える心の健康問題への学校における対応の必要性について，どのように考えますか。

また，あなたは心の健康問題について，養護教諭としてどのように子どもたちを支援していきますか。具体的に書いてください。

●方針と分析

(方針)

担任とは異なる立場で子どもたちと接する養護教諭として，子どもの心の健康問題に対応する重要性について論じる。そのうえで，心の健康問題について，養護教諭としてどのように子どもたちを支援していくか具体的に論じる。

(分析)

子どもの心が健康な発達をしていないことに起因して起きる問題として，たとえば，深刻化する陰湿ないじめや子ども同士のトラブル，友達とのコミュニケーションがとれず不登校や引きこもりに至ってしまう状況，適切な人間関係が築けずに暴力行為等に走る傾向，自分の思いを素直に表現できず自傷行為などに至る行動，自分自身に自信がなくて極端に自尊感情が低く自死に至ってしまう現状などが挙げられる。

これらの問題は，深刻な社会問題となっており，学校が真剣に取り組まなければならない「子どもの心の健康」に関わる課題である。こうした心の健康に関わる問題に対しては，学校のすべての教職員があらゆる教育活動を通して取り組んでいかなければならない。学校保健安全法において，養護教諭は「健康相談又は児童生徒等の健康状態の日常的な観察により，児童生徒等の心身の状況を把握し，健康上の問題があると認めるときは，遅滞なく，当該児童生徒等に対して必要な指導を行う」とされている。心身の健康管理に養護教諭が果たす役割は非常に大きく，養護教諭としてどのように支援していくかが問われている。

具体的には，心の問題を抱えた子どもにとっての学級とは異なる居場所を提供する保健室経営，一人一人の子どもに関わる様々な情報の収集と提供，担任教諭とは異なる視点からの指導・助言などが考えられる。また，当人はもとより保護者も含めた教育相談的手法を活用した相談機能を充実させることも必要である。いずれにしろ，管理職の指導の下，担任や関係教職員と連携・協力し，養護教諭としての役割を果たしていくことが重要となる。

●作成のポイント

序論，本論，結論の3段構成で論じる。

序論では，まず，陰湿ないじめや子ども同士のトラブル，不登校や引きこもりなどは「子どもの心の健康」に関わることで，養護教諭が担当すべき重要な課題であることを述べる。そのうえで，そうした現状をどのように捉え，どのような対応をしていくべきなのかという基本的な考えを述べる。その際，学校で取り組まなければならない重要な問題ではあるが，最終的には子ども自身が乗り越えなければ根本的な解決にはならないということを指摘するようにしたい。

本論では，そうした基本的な考え方に立って，養護教諭としてとるべき具体的な支援策について，二つ程度に整理して論述する。この二つは，異なる視点から述べるようにし，様々な対応策をもっていることを示すことが重要である。また，小学生，中学生，高校生では発達段階が異なり，その具体的な方策も異なってくる。したがって，自身の志望する校種を想定し，発達段階に即した論述にする必要がある。

結論では，子どもの心の健康問題をもう一度俯瞰的に捉え，本論で述べられなかった方策や自分自身の研修課題など，「子どもの心の健康」に関わる問題に対して養護教諭としての役割を認識し，一層の努力を重ねていくという決意を示して論文をまとめる。

2022年度　論作文実施問題

【全校種・2次試験】　50分・800字

●テーマ

山口県では，学校・家庭・地域が連携・協働した教育を推進しています。
あなたは，なぜ，現在，このような教育が必要だと考えますか。また，あなたは教員として，家庭・地域と一体となって，どのような教育活動に取り組んでいきますか。子どもたちに育みたい能力や態度等を踏まえて，具体的に書いてください。

●方針と分析

(方針)

学校と家庭や地域が連携・協働していくことの重要性とそのための視点について論じた上で，具体的な取組みについて述べる。

(分析)

山口県教育振興基本計画においては，「学校・家庭・地域が連携・協働した教育の推進」という項目を設け，「地域連携教育の充実」，「家庭教育支援の充実」，「社会教育施設等を活用した教育の充実」を掲げている。まず，このことを押さえておく必要がある。

そのうえで教育関係の基本法令を見ると，教育基本法第13条では，「学校，家庭及び地域住民その他の関係者は，教育におけるそれぞれの役割と責任を自覚するとともに，相互の連携及び協力に努めるものとする」と規定し，学校教育法でも「保護者及び地域住民その他の関係者の理解を深めるとともに，これらの者との連携及び協力の推進に資するため，当該小学校の教育活動その他の学校運営の状況に関する情報を積極的に提供するものとする。」と規定されている。

これらの法令を受け，小(中)学校学習指導要領(平成29年告示)総則では，「学校がその目的を達成するため，学校や地域の実態等に応じ，教育活動の実施に必要な人的又は物的な体制を家庭や地域の人々の協力を得ながら整えるなど，家庭や地域社会との連携及び協働を深めること」としている。その上で，具体的な視点として「家庭や地域の人々の積極的な協力を得て児童生徒にとって大切な学習の場である地域の教育資源や学習環境を一層活用していくこと」，「各学校の教育方針や特色ある教育活動，児童生徒の状況などについて家庭や地域の人々に適切に情報発信し理解や協力を得たり，家庭や地域の人々の学校運営などに対する意見を的確に把握して自校の教育活動に生かしたりすること」，「学校施設の開放，地域の人々や児童生徒向けの学習機会の提供，地域社会の一員としての教師のボランティア活動を通して，家庭や地域社会に積極的に働きかけ，それぞれがもつ本来の教育機能が総合的に発揮されるようにすること」などを挙げている。

新学習指導要領で強調されている「社会に開かれた教育課程」という考え方も，これらの延長線上にあると捉えることができる。

これらの資料を手掛かりとして，学校と家庭や地域が連携・協働していることの重要性について論述するとよい。

●作成のポイント

教員採用試験の一般的な形式である序論・本論・結論の三段構成で論じるとよい。

序論では，学校と家庭・地域が連携・協働していくことの重要性を論じるとともに，そのための視点を示す。その際，単なる文部科学省などの言葉を引用するだけでなく，自らの経験を織り込むと，説得力のある論述になる。

本論では，序論で述べた学校と家庭・地域が連携・協働していくためにどのような教育活動に取り組んでいくか，二つ程度に整理して論述する。学習指導面，生徒指導面，学校運営など，異なる視点から選択して述べるようにする。

結論は，テーマである学校と家庭や地域が連携・協働していくことを俯瞰的に捉え，方策の基本となる考え方や教師としての姿勢などを含めて，地域や家庭と連携・協働した教育を進めていく決意を述べて小論文をまとめる。

2021年度　論作文実施問題

【全校種・2次試験】　50分・800字

●テーマ

「Society5.0」といわれる超スマート社会の到来，グローバル化の加速など，これからの複雑で予測困難な時代を迎えるにあたって，児童生徒が主体的に自らの未来を切り拓いていくために，どのような力を育成することが求められると，あなたは考えますか。
また，あなたは教員として，児童生徒が主体的に自らの未来を切り拓いていくための力を育成するために，どのように取り組んでいきますか。具体的に書いてください。

●方針と分析

(方針)

児童生徒が主体的に自らの未来を切り拓いていくための力を育成するために，教師としてどのような取組をするか，具体的な方策を800字以内で論じる。

(分析)

「学びに向かう力」に関して，学習指導要領解説総則編には「児童生徒一人一人がよりよい社会や幸福な人生を切り拓いていくためには，主体的に学習に取り組む態度も含めた学びに向かう力や，自己の感情や行動を統制する力，よりよい生活や人間関係を自主的に形成する態度等が必要になる。」とある。「学びに向かう姿勢・態度」を育成するためには，日々の授業を「子どもたちが主体的に学ぶ授業」に改善していくことが不可欠である。

また，平成30年6月に文部科学省が公表した「Society5.0に向けた人材育成～社会が変わる，学びが変わる～」では，近い将来において，定型的業務や数値的に表現可能なある程度の知的業務はAIに代替可能になると示唆されている。しかし他方では，高度な判断や発想を要する仕事などは，AIによる代替の可能性は低いとも示されている。AIが普及していくこれからの時代に，主体的に学ぶ力はますます重要になってくると思われる。

そのための視点が，「主体的・対話的で深い学び」である。学ぶことに興味や関心をもち，自己のキャリア形成の方向性と関連付けながら，見通しをもって粘り強く取り組む「主体的な学び」の重要性に触れることが肝要である。具体的な方策として，「アクティブ・ラーニング」の手法に言及しながら述べていくことが効果的であると言える。千変万化し，予測困難な社会の中でも逞しく生き抜いていけるよう，優れた判断力の育成と心身の健康の保持増進が課題と言えよう。

●作成のポイント

全体を序論，本論，結論の三部で構成してみよう。序論では，技術革新，高度情報化，グローバル化など，社会の激しい変化の中にあって，「自ら考え，主体的に判断し，表現する能力」が極めて重要であることについて述べる。PISAをはじめとする学力調査の結果や傾向分析に言及するのも一手である。本論では，序論で述べた課題に対する方策を述べる。800字制限なので，2本立ての柱でまとめることが妥当と言える。例えば，「問題意識を大切にした問題解決的な学習の重視」「ディベートや発表活動の重視」など，アクティブ・ラーニングの手法に関連した内容にすることが考えられる。他に，興味関心を高めるテーマの導入や工夫など，内発的動機付けに触れたり，道徳教育やキャリア教育の視点に触れたりして，自らの経験を含めて述べてもよい。結論では，山口県の教師として，「主体的な姿勢をもった児童生徒の育成」への熱意を，自己研鑽への意欲とともに述べるとよい。

2020年度　論作文実施問題

【全校種・2次試験】　50分・800字

●テーマ

　児童・生徒の資質・能力の育成に当たって，学校では一人ひとりを大切にする教育が重要とされています。あなたは，なぜ，このような教育が重要だと考えますか。
　また，あなたは教員として，一人ひとりを大切にする教育をどのように実践していきますか。具体的に書いてください。

●方針と分析

(方針)

　一人ひとりを大切にする教育がなぜ重要なのか。また，そういう教育をどのように実践するか。800字以内でまとめなければならない。

(分析)

　一人ひとりを大切にする教育とは，児童生徒の生きる力をつける上で重要である。全ての児童生徒に基礎的な知識・技能等を確実に身につけさせ，それらを活用しながら自ら学び自ら考える力などの「確かな学力」を育むためにも，学校全体として個に応じた目的意識のある学習指導に取り組むというものである。これには，子どもたちに学ぶことの楽しさを体験させ，望ましい人間関係づくり等を培い，学習意欲の向上に努めることが含まれている。

　近年，「効果のある学校(effective schools)」に関する研究が国内外で推進されている。これは主に，教育的に不利な環境のもとにある児童生徒の学力水準を押し上げている学校の事例だが，一人ひとりの個性やニーズに応じた基礎学力を獲得するために，学校・学級の中で一人ひとりの存在や思いが大切にされる状況を，現実に作り出しているという点では，一般的な学校でも広く学ぶところがある。こうした内容について，受験者がどれだけ理解しているかどうかを試す意図があると思われる。

●作成のポイント

論文であるので，序論・本論・結論の3段構成を意識しよう。

序論では，全ての児童生徒に基礎的な知識・技能等を確実に身につけさせ，それらを活用しながら自ら学び自ら考える力などの「確かな学力」をつけることの必要性を論じる。それが生きる力の基本になることの理由として示そう。

本論では，各教科，道徳，特別活動，総合的な学習の時間のそれぞれの特質に応じた，指導の実践内容を具体的に述べる。例えば，教科指導の間は，児童生徒の意見をきちんと受け止めて聞く。「です・ます調」を意識的に使って子どもたちに明るく丁寧な言葉で声かけをする。また，児童生徒一人ひとりの大切さを強く自覚し，一人の人間として尊重するということは，生徒同士の他者への冷やかし，存在を否定したりする発言を戒めるなどの指導も必要である。このほか，個別の学力に応じた補習や発展学習の活用を挙げるのも一手である。

結論では，学校・学級の中で現実に一人ひとりの存在や思いが大切にされるという状況を作り出していくことの大切さを述べていこう。

2019年度　論作文実施問題

【全校種・2次試験】 50分・800字

●テーマ

技術革新の進展により，近い将来，多くの職種が人工知能(AI)やロボット等により代替できるようになる可能性が指摘されている一方で，これまでになかった仕事が新たに生まれる時代が到来すると言われています。このような時代に，子どもたちが社会を生き抜くためには，どのような力が求められると，あなたは思いますか。

また，あなたは教員として，子どもたちにこれからの社会を生き抜く力を育成するために，どのようなことに取り組んでいきますか，具体的に書いてください。

●方針と分析

(方針)

人工知能(AI)やロボットの到来で，社会が大きく変貌することが予想される今日，子どもたちにとって，これからの社会を生き抜くために必要な力は何か，そしてその力を育成するために，教員としてどのような取り組みをするかについて，具体的に書く。

(分析)

ここではAIと社会，そして教育について，文部科学省が公表した「Society5.0に向けた人材育成～社会が変わる，学びがかわる～」(平成30年6月，以下本資料)を中心にみていきたい。AIと社会について，本資料では，今後は我々の活動履歴がビッグデータとしてAIによって解析され，多くのモノやロボットが作動する社会，つまり作業の自動化等といった革新的な変化が起き，この中核となる技術がAIである。AI

は急激に高度化しており，少なくとも近い将来において，定型的業務や数値的に表現可能なある程度の知的業務は代替可能になると考えられる。例えば，健康・医療分野において，今後は「病気を診る」のはAIが行うため，医師は「病人を診る」ことにこれまで以上に向き合うことができるようになる，といったことが示されている。ただし，AIの本質はアルゴリズムであり，少なくとも現在の AIは情報の背景にある現実世界といった意味を理解しているわけではない。AIに目的や倫理観を与えるのは人間であり，アルゴリズムで表現し難い仕事や，高度な判断や発想を要する仕事などは，AIによる代替の可能性が低いとも示されている。よって，AIは人間の代替となるのではなく，人間が更に発展するための道具として位置付けられている。そして，人間に求められる力の一部として特に，共通して求められる力として，①文章や情報を正確に読み解き，対話する力，②科学的に思考・吟味し活用する力，③価値を見つけ生み出す感性と力，好奇心・探求力をあげている。

この考え方は，平成29～30年度における学習指導要領改訂にもある。中央教育審議会答申「幼稚園，小学校，中学校，高等学校及び特別支援学校の学習指導要領等の改善及び必要な方策等について」では「人工知能がいかに進化しようとも，それが行っているのは与えられた目的の中での処理である。一方で人間は，感性を豊かに働かせながら，どのような未来を創っていくのか，どのように社会や人生をよりよいものにしていくのかという目的を自ら考え出すことができる」としており，いわゆる「0から1を創り出す」ことは，人間だからこそできるとしている。

これらを踏まえて，論文を作成するとよい。

●作成のポイント

論文形式はいろいろあるが，ここでは「序論・本論・結論」で一例を考えてみたい。

序論ではAI等の発達により，人間に求められる能力の例を示す。予測される未来社会を背景に必要になる能力を分析してみよう。文字数は250字を目安とする。

本論では序論であげた能力を育成するために，取り組む内容を具体的に示す。授業に限らず学校生活の一部に当てはめて，5W1Hを意識しながら展開するとよい。文字数は450字を目安とする。

結論では，序論・本論の内容を踏まえ，山口県の教員として真摯に教育に臨む決意などを述べるとよい。文字数は100字を目安とする。

2018年度　論作文実施問題

【全校種・2次試験】50分・800字

●テーマ

社会の急激な変化に伴い，子どもたちを取り巻く環境が大きく変わっています。このような中で，子どもたちの規範意識や社会性について，あなたはどのような課題があると考えますか。
また，あなたは，教員として，その課題を解決するために，どのようなことに取り組んでいきますか。具体的に書いてください。
(800字以内)

●方針と分析

(方針)
まず，子どもたちを取り巻く環境が大きく変わっている中で，子どもたちの規範意識や社会性を育む上での課題について，説明しなければならない。次に，その課題解決のために，どのようなことに取り組むのか，受験者は具体的に説明しなければならない。
(分析)
今日，他人の存在を意識できず，他人の立場に立って考えることが難しい子ども，他人の存在を意識できないゆえに，社会の中で生きる人間としての基本的なきまりや善悪の判断というものが心の中に育ちにくいことが顕著になっている。平成29年度「山口県教育推進の手引き」など，山口県の公開情報によれば，規範意識と社会性は，生徒指導，教科指導，道徳教育，特別活動及び人権教育など，学校教育におけるすべての教育活動の中で育まれるものであり，あいさつや服装，集団生活，清掃，授業中の規律遵守などの具体的な指導を通じて，子どもたち一人ひとりがきまりの重要性やそれを守ることの必要性を自覚することによって育まれる。集団生活や社会生活におけるきまりやルール，約束などの規範に基づいて主体的に判断し行動しようとする意識としての規範意識・社会性は，自分を見つめる機会を増やすことで，より深い自己理解が可能となり，集団の中の他者との関係における自分の姿を明確にすることができる。こうした内容に関し，受験者がどれだけ理解しているのかを試す設問である。

●作成のポイント

論文であるので，序論・本論・結論の三段構成を心がけよう。

序論では，答案の中心となる，規範意識・社会性を高める教育活動の充実についての内容を示そう。家庭環境の変化やインターネットの普及等による情報過多の状況に触れながら，相手の立場に立って考える力が十分に育っていないことを課題として200字程度で述べる。

本論では，そうした力を育てるためには，何が必要かを具体的に述べる。例えば，他の人のよさを見つける活動学級活動等において，グループ内で，よいところ，がんばっているところを一人が一つずつ書いて伝える活動や，お互いに相手のよいところを言いながら握手をする活動など，相手のよさを見つける活動を意図的に実施して，学級経営に生かすことなどを500字程度で述べてみよう。

結論では，集団生活や社会生活におけるきまりやルール，約束などの規範に基づいて主体的に判断し行動しようとする意識を育成する重要性を100字で念押ししよう。

2017年度　論作文実施問題

【全校種・2次試験】50分

●テーマ

いじめは子どもたちの心身に重大な影響を及ぼす深刻な問題です。あなたは，いじめについてどのように考えますか。
また，あなたは，教員として，いじめの防止・根絶のため，日頃の教育活動において，どのように取り組んでいきますか。子どもたちに育みたい能力や態度等を踏まえ，具体的に書いてください。
(800字以内)

●方針と分析

(方針)

いじめについての自分の考えを明らかにした上で，日頃の教育活動で子どもたちに育みたい能力や態度等を踏まえ，いじめの防止・根絶のためどのような活動に取り組んでいくか具体的に論述する。

(分析)

いじめ防止対策推進法ではおいて「いじめ」を「児童等に対して，当該児童等が在籍する学校に在籍している等当該児童等と一定の人的関係にある他の児童等が行う心理的又は物理的な影響を与える行為(インターネットを通じて行われるものを含む。)であって，当該行為の対象となった児童等が心身の苦痛を感じているもの」と定義している。ただし，「山口県いじめ防止基本方針」(平成26年2月，山口県)では，いじめの認知の判断に当たっての留意事項の1つに「「心身の苦痛を感じているもの」との要件が限定して解釈されることのないように努めることが重要」であり，「いじめを受けた児童生徒の感じる被害性に着目した見極めが必要である」としている。いじめについての自分の考えやその防止・根絶のための取り組みはこれらの考えを下敷きにして述べるとよい。また，「山口県教育振興基本計画改定版」(平成27年3月，山口県教育委員会)では教育目標を「未来を拓くたくましい「やまぐちっ子」の育成」とし，目標達成に向けて「3つの力(学ぶ力，創る力，生き抜く力)3つの心(広い心，温かい心，燃える心)の育成」を行うとしている。「やまぐちっ子」のすがたは「高い志をもち，未来に向かって挑戦し続ける人」，「知・徳・体の調和がとれた生きる力を身に付け，他者とのつながりを大切にしながら力強く生きていく人」，「郷土に誇りと愛着をもち，グローバルな視点で社会に参画する人」としている。「日頃の教育活動で子どもたちに育みたい能力や態度等」については，山口県の教育目標に関するこれらの語句から取り上げるようにすればよい。

●作成のポイント

序論・本論・結論の3段落構成で論じるとよい。段落相互の関係に矛盾がないかを確認しながら書く必要がある。

序論では，いじめに対する自分の意見を述べる。ここで書く内容が，本論で述べる具体的な取り組みと矛盾がないように気を付けなければならない。また，本論が中心となるので，あまり多く書き過ぎないように注意する必要がある。

本論では実際に取り組んでいくことを述べる。ここでは，いじめの防止・根絶のための具体的な取り組みである。いじめは教師から見えにくいところで行われるものである。よって，まずは未然防止の取り組みについて取り上げるとよい。そして実際にいじめが起こった時の取り組みを，未然防止の取り組みの問題点・反省点を踏まえながら論述していく。これらの取り組みから，いじめはなぜしてはいけないのか，いじめによって被害者・加害者にどのような影響が及ぶか，ということを児童生徒に理解させるようにしなければならない。

結論では，今までの内容を簡潔にまとめ，最後に教師としての決意を書いて仕上げるとよい。ただし，本論までで述べた内容と異なることを書いてはいけない。序論から結論まで一貫した考え方を示すことが大事になってくる。

2016年度　論作文実施問題

【全校種・2次試験】　50分

●テーマ

教員は，次代を担う子どもたちを育てるという極めて重要な使命や責任をもつとともに，子どもたちの人格の形成を担う存在であることから，その職責の重さを絶えず自覚し，常に自己研鑽に努めることが，強く求められています。あなたは，このことについてどのように考えますか。

また，あなたは，教員としての資質能力を高めるために，どのようなことに取り組もうと思いますか。具体的に書いてください。

(800字以内)

●方針と分析

(方針)

教員がその職責の重さを絶えず自覚し，常に自己研鑽に努めることを強く求められることについての自分の考えと，自分が教員としての資質能力を高めるために取り組みたいことを具体的に論述する。

(分析)

本問は，社会の中で広く信頼される教員の資質について問うものである。論述として求められる内容をより具体的にイメージしながら答案につなげていくためには，受験自治体の教育振興基本計画をはじめとする教育施策に関する資料を参考にするとよい。

山口県教育委員会は「教職員人材育成基本方針」(平成24年3月)の中で，教職員一人ひとりが常に自己研鑽に努めることができるよう，求められる資質能力を「山口県が求める教師像」として示している。具体的には，「豊かな人間性と人権尊重の精神を身につけた人」「強い使命感と倫理観をもち続けることができる人」「児童生徒を共感的に理解し，深い教育的愛情をもっている人 」「幅広い教養と専門的知識，技能をもっている人」「豊かな社会性をもち，幅広いコミュニケーションができる人」「常に自己研鑽に努める意欲とチャレンジ精神のある人」の6つである。

近年，学校が直面する教育課題が複雑化・多様化し，教員一人だけでは対応が困難な事案も生じている。学校組織の一員として，他の教職員や家庭・地域等と連携しながら教育課題の解決に向けて取り組むことができるよう，社会性やコミュニケーション能力等が強く求められている。「山口県が求める教師像」はこうした課題に対応しうる人材であり，普段から論文や専門誌を読んで勉強しておくなど，自己研鑽を絶えず続け，児童生徒の探究心を上向かせることで，幅広い視野と確かな指導力を示し，信頼を獲得する必要がある。

●作成のポイント

800字以内の論述なので，全体を3～4段落程度にわけるとよいだろう。特に注意すべきは，下記のポイントを見落としたり，決意表明に終始する内容にしないことである。

1つ目のポイントは，最初の段落で教員に求められる資質・職責のひとつとして自己研鑽を位置づけ，その内容を自分の言葉で述べることである。これは，設問の要求に対して端的に答えるとともに，キーワードの定義を明確化することで，本題から外れないようにするためである。ここは，150～200字程度でまとめたい。

2つ目のポイントは，自己研鑽についての具体的な考察である。なぜ，教員には自己研鑽が要求されるか。それは，教員の幅広い視野と確かな指導力によって，子どもたちの学ぶ意欲，考える力を伸ばしていくためである。たとえば，社会や理科などの多様な知識を求められる教科で，児童生徒から少し高度な質問を受けたとする。その場で，教員が即答できないとしても，一緒に図書室で調べたり，質問をいったん持ち帰って，自分なりに文献や出処の確かなインターネット上の情報を調べたりする。そうすると，子どもと一緒に考えることで，学ぶ意欲，考える力を伸ばしていくことができる。こうした内容を，おおむね350字程度を目指し，適宜，2段落にわけてもよい。

3つ目のポイントは，資質向上のための自己研鑽を，具体的取り組みとして示すことである。前述の例を生かすなら，教員は普段から論文や専門誌を読んで勉強し，子どもの興味関心に寄り添えるように絶えず情報収集を続け，子どもたちの探究心を上向かせることで，幅広い視野と確かな指導力を示す。そうして，子どもたちの信頼を獲得する必要があることを述べる。おおむね350字程度に収めると，制限字数以内に収まるであろう。

2015年度　論作文実施問題

【全校種・2次試験】　50分

●テーマ

近年，少子高齢化の進行やグローバル化・高度情報化の進展など，社会は急速に変化しています。

このような中，将来，積極的に社会の形成に参画し，その発展に貢献していく人材を育成していくため，あなたは，教員として，日頃の教育活動において，どのようなことに取り組んでいきますか。子どもたちに育みたい能力や態度等を踏まえて，具体的に書いてください。(800字以内)

●方針と分析

(方針)

少子高齢化の進行やグローバル化・高度情報化の進展など，社会は急速に変化している中で，将来，積極的に社会の形成に参画し，その発展に貢献していく人材を育成していくため，教員として，日頃の教育活動において，どのようなことに取り組むかを，子どもたちに育みたい能力や態度等を踏まえて具体的に書く。

(分析)

本テーマは，山口県が平成25年10月に「未来を拓くたくましい「やまぐちっ子」の育成」を教育目標とする『山口県教育振興基本計画』に関しての出題となっている。この計画では，やまぐちっ子のすがたを「①高い志をもち，未来に向かって挑戦し続ける人　②知・徳・体の調和がとれた生きる力を身に付け，他者とのつながりを大切にしながら力強く生きていく人　③郷土に誇りと愛着をもち，グローバルな視点で社会に参画する人」としており，目標達成のために3つの力(学ぶ力，創る力，生き抜く力)と3つの心(広い心，温かい心，燃える心)の育成を掲げていることを念頭において論じることが，大切である。

また，山口県では学習指導要領の趣旨を踏まえた，独自の「新学習指導要領実施上の手引き」を示すとともに，「キャリア教育」「コミュニケーション能力を育む教育」「地域や伝統，文化を踏まえた教育」を基軸として教育活動を展開することを明示している。

さらに，少子高齢化，グローバル化・高度情報化の進展という急速な社会の変化の中で，との課題を踏まえること，日頃の教育活動においてどう取り組むかを具体的に書くとの課題を満たすように論述を進めることが大切である。教師としての資質をアピールできるようにしたい。

●作成のポイント

山口県の14歳以下の年少人口は，昭和55年の35万4千人から，ここ30年間で18万4千人とほぼ半減し，今後20年でさらに12万4千人と約33％減少する見込みであり，一方，山口県の全人口に占める65 歳以上の高齢者の割合(高齢化率)は，平成22年は28.0％と全国平均の23.0％を5.0 ポイント上回り，全国第 4 位となっている。今後も全国平均を上回って推移し，平成27年には32.2％に達すると予測されている。こうした現実を踏まえて，一人よがりにならないように，論じることが，ポイントとなる。

本問は800字以内なので，論文は序論・本論・結論で考えるようにしたい。序論では，少子高齢化やグローバル化・高度情報化についての認識と，自分が考えているこどもたちに育みたい「能力」や「態度」，必要とされている人材とはどういうものかを，150字程度で簡潔に述べるようにしたい。

本論では序論の内容を受けて，具体的な意見を述べる。山口県が策定した3つの力，3つの心などにも具体的に触れながら，筋道を立てて具体的に書き進めることが大切である。総花的な一般論に終始するのではなく，焦点を2つ程度に絞って日頃から考えてきた「やまぐちっ子のすがた」の育成にどう取り組むかを具体的に述べるようにしたい。本論なので500字程度が目安である。

結論のまとめでは，自分の考えを通して教師としての抱負や指導への熱意も示したい。あくまで選考のための小論文であることも意識して，前向きで意欲のある人格を印象付けよう。文字数は150字以内で簡潔にまとめること。

2014年度　論作文実施問題

【全校種・2次試験】

●テーマ

山口県では，今年度から新たに，「未来を拓く たくましい『やまぐちっ子』の育成」を教育目標として掲げるとともに，めざす「やまぐちっ子のすがた」を具体的に示し，学校，家庭，地域が一体となった取組を推進しています。
めざす「やまぐちっ子のすがた」の1つである「高い志をもち，未来に向かって挑戦し続ける人」を育成するため，あなたは，教員として，どのような教育活動に取り組んでいきますか。子ども達の現状や社会の動きを踏まえ，具体的に書いてください。
※800字以内。

●方針と分析

(方針)

「高い志をもち，未来に向かって挑戦し続ける人」に対する自分の意見を述べ，その後，それに対して自分が取り組んでいきたいことを述べる。

(分析)

山口県では平成10年に策定した「山口県教育ビジョン」の結果を受け，平成25年度に「山口県教育振興基本計画」を示し，県の教育目標として「未来を拓く たくましい『やまぐちっ子』の育成」を掲げている。「やまぐちっ子」について，具体的には「夢や目標を志に高め，他者とのつながりを大切にするとともに，自身と希望を持って自らの将来や社会を力強く切り拓く子ども」であり，そのため，「学ぶ力，創る力，生き抜く力」「広い心，温かい心，燃える心」の「3つの力，3つの心」の育成に力を入れるとしている。そして，問題にある「高い志をもち，未来に向かって挑戦し続ける人」について，前者は能力目標であり，後者は態度目標であるといえる。

また，「子どもたちの現状や社会の動き」について，山口県教育振興基本計画では，少子高齢化の進行と家庭・地域社会の変容，知識基盤社会化，子どもの学力などが掲載されているが，山口県の教員を目指すのであれば，山口県が抱える教育問題を分析し，問題解決のための方策を考えるのが適切であろう。例えば，休日に2時間以上学習する児童・生徒の割合は全国平均よりも低いことから，休日であっても学習する習慣付けをする方法を考える，といったことがあげられる。

●作成のポイント

序論では，「高い志をもち，未来に向かって挑戦し続ける人」に関する自分の意見，または「子どもたちの現状や社会の動き」を述べる。本論で述べる具体的な取り組みにつなげるための工夫が大切である。文字数は200字が目安となるだろう。

本論では，教員として実際に取り組んでいくことを述べる。児童生徒が「高い志」を抱き，「挑戦し続ける」気持ちを持ち続けたりするために，教員としてどのようなことができるかを考えてみるとよい。成長の仕方は個々の生徒によって異なるため，画一的な指導では目標の達成は難しい。つまり，常に児童生徒のことを把握する努力は不可欠である。また，目標を達成するには知識を習得するだけでない。前向きな気持ちを常に持つ心も大切である。必要な時にしっかりと児童生徒とコミュニケーションがとれるかどうかも大切な要素である。文字量としては400字が目安となるだろう。

結論は，今までの自分の考えをまとめ，最後に教員としての決意を書いて仕上げるとよい。ここでは新たな話題を出さず，自分の意見を再度示すという意識で書くとよい。文字数は200字が目安となるだろう。

2013年度　論作文実施問題

【全校種・2次試験】

●テーマ

近年，自分に自信がもてない子どもが増えているということが，いくつかの調査から指摘されています。あなたは，このことについて，どのように考えますか。

また，子どもたちが自分に自信をもつことができるようにするため，あなたは，教員として，どのような教育活動に取り組んでいきますか。具体的に書いてください。(800字以内)

●方針と分析

(方針)

近年，自分に自信がもてない子どもが増えているという指摘に対してどのように考えるか，また子どもたちが自信をもてるようにするために，どのような教育活動に取り組むか，具体的に述べる。

(分析)

山口県では，「山口県教育ビジョン」の「第3期 重点プロジェクト」で，「5つの基本的方向」を示しており，その中で，自分に自信がもてない子どもへの取組に関連する施策を示している。特に関連するのは，①自立する力育成プロジェクト，②思いやりのある豊かな心育成プロジェクト，である。①のプロジェクトでは，小学校段階からのキャリア教育形成の促進，進路指導の充実などを挙げ，②のプロジェクトでは，道徳教育の充実や体験活動の充実などを挙げている。いずれの施策も「自信がもてる子ども」の育成にとって必要な視点である。

また，「全国学力・学習状況調査からみた本県の状況」の資料によると，平成21年度の調査結果では，「自分にはよいところがあると思いますか」の質問に対して，小学校6年生では「当てはまる」が34％であるのに対して中学3年生は19％であった。この調査結果は全国平均をやや上回るものであるが，山口県においても中学生は大きく低下していることが注目される。

●作成のポイント

作成に当たって，①各校種・職種に共通テーマであるため，児童生徒の発達段階や自分の希望する校種・職種を十分に踏まえた取組，②テーマの内容から，学校の教育活動全体に位置付けた取組，となるように留意することがポイントである。

序論は150字程度で，近年，自分に自信がもてない子どもが増えているという指摘に対して，自分の考えを希望する校種の子どもたちの発達課題を踏まえて述べる。

本論は550字程度で，序論で述べた考えに即して，子どもたちが自信がもてるようにするための教育活動について，自分が希望する学校種・職種を踏まえて述べる。

一般教員の場合は，①教科や道徳，総合的な学習の時間などの学習指導，②学級活動，③クラブ活動・部活動，の側面からそれぞれ述べる。

養護教諭・栄養教諭の希望者は，例えば，「成長や健康」「食」などをキーワードにして，「保健委員」などの子どもたちに自分たちの課題として取り組ませること，子どもたちの努力・成果に対する適切な評価を行うことなどの教育活動を述べる。

結論は，子どもたちに自信をもたせる教育活動について，保護者との連携の下に学校の教育活動全体に位置付けて組織的に取り組むこと，そのために自分は全力で取り組む決意を述べる。

2012年度　論作文実施問題

【全校種・2次試験】

●テーマ

近年，子どもたちがよりよい人間関係を築いていくことができるよう，コミュニケーション能力を高めていくことが求められています。あなたは，このことについてどのように考えますか。
また，子どもたちのコミュニケーション能力を高めていくために，あなたは，教員としてどのような教育活動に取り組んでいきますか。具体的に書いてください。

●方針と分析

(方針)

人間関係やコミュニケーションに関しての自分の考えを述べた後に，コミュニケーション能力を高めるための具体策を800字以内で書いていく。

(分析)

インターネットやゲームで遊ぶことが中心になっている児童生徒が多くなっているといわれる。そのような「内向き」の子どもたちのなかには，そもそもコミュニケーションの重要性どころか，人間関係自体の経験が乏しい子もいるのではないだろうか。もちろん，それを教師としてそのまま放置しておくわけにはいかない。つまり，個々の子どもへの目配りが必要になるということだ。

まずは，たとえば子どもたちに話し合いや協力作業などを通じて，他人と意志疎通することの重要性を認識させる。これらのことは一回だけで終わらせてはいけない。年間を通して継続的に行う必要があるだろう。これらのことを参考にして，自分がどのように取り組んでいくか自分の経験や個性がにじみ出るような具体策を考えてみよう。

●作成のポイント

序論では，コミュニケーション能力に対して自分の意見を述べるとよい。その際に，コミュニケーションの大切さをあまり理解していない，あるいは経験値が少ない子どもたちが増えてきているなど，子どもたちを取り巻くコミュニケーションの現状についても述べると説得力が増す。

本論では，書き手であるあなた自身が，実際に取り組んでいくべきことを述べる。子どものコミュニケーション能力向上に具体的にどう取り組むか。自分の経験を基に，コミュニケーションの大切さを説く，話し合いの場を設ける，コミュニケーションが苦手な子の場合は少人数で話させるなど，臨機応変に対応していくことが必要であろう。

結論はまとめと自分の決意を書く部分である。まとめは，自分の考えの中で最も強く訴えたいものを書くべきだ。ここで，新しい話題を提示して矛盾を生じさせないように気をつけたい。最後に自分の決意を書いて，文章を仕上げる。

●論文執筆のプロセス例

序論

・課題に対しての自分の考えを示す
・ここでは「コミュニケーション」について述べる
・本論との関連性を意識して書くこと

本論

・実際に取り組んでいくことを述べる
・エピソードを交えて具体的に書く
・自分の考えと適合しているかを確認する

結論

・まとめと自分の決意を書く
・まとめについては自分の意見で最も強調したいことを表現を変えて書く

2011年度　論作文実施問題

【全校種〈養護除く〉】

●テーマ

近年，産業・経済の構造的な変化や雇用の多様化・流動化等を背景として，キャリア教育の推進が強く求められています。あなたは，このことについてどのように考えますか。
また，あなたは，キャリア教育を進める上で，教員としてどのような教育活動に取り組んでいきますか。具体的に書いてください(800字以内)。

●テーマの分析

昨今の日本の産業や経済の変化は激しく，その変化に対応した学校教育の在り方が問われているが，その中のひとつに「キャリア教育」がある。キャリア教育とは，望ましい勤労観や職業観を育む教育のことだ。この教育は子どもたちが働く意義や目的を探究し，一人一人が自分なりの職業観・勤労観を形成・確立していく過程での進路指導やサポートする。その際には多様性を大切にすることが求められる。

しかし，それらに共通するのは，職業の意義についての基本的な理解・認識，自己を価値あるものとする自覚，夢や希望を実現しようとする意欲的な態度など，根底に「希望」を備えていることである。

ちなみにこの「キャリア教育」は，当然だが小学生と高校生とでは目的を異にすることに注意したい。前者は勤労観，つまり「はたらくことの大切さ」の指導を中心として，学級等での担当する係活動をきちんと果たさせることである。後者は自分に向いた職業を模索させることが目的なのである。

●論点

この文章は三段構成とし，前文においてまず「キャリア教育」についての定義付け(どのような教育なのか)を示す。そして志望校種の児童生徒に，どのような教育をする必要があるか，ここで筆者であるあなたの考え(結論①)をはっきり示す。

次に本文では，前文で述べた考え(結論①)を2つの観点で具現化する方策を明らかにする(結論②)。たとえば「個に応じた指導」あるいは，「学級全体の集団指導」でもよい。「中学生では学校行事となっている職場体験の目的を，●●することで有意義なものとさせる」などだ。なお，具体的に書くことを求められているので，一文一文で「私だったらこうする」と主語・述語・目的語の関係を明確にしながら述べたい。決して評論であってはならないということである。

最終の段落では，このテーマに対するあなた自身の課題を挙げて，その解明にどのように取り組むかを簡潔に述べる。全体の文字数としては，前文：本文：結文で1：4：1とするのが適当だろう。

【養護教諭】

●テーマ

近年，子どもが抱える心の健康問題が多様化，深刻化しており，学校においてもその対応が重要な課題となっています。あなたはこのことについて，どのように考えますか。

また，あなたは，心の健康問題について，養護教諭としてどのように子どもたちを支援してきますか。具体的に書いてください(800字以内)。

●テーマの分析

子どもが抱える「心の問題」に，養護教諭はどのように対応していくか。まずは心の問題に対しての対応例をいくつか挙げてみよう。

(1) 今日的な教育課題の「生きる力」を育むという観点からいえば，「自分の身は自分で守る」という前提がある。心身に何らかの不安を生じたなら，自主的に相談を求めるという決断も必要である。誰かが守ってくれるではなく，自助努力をさせることだ。

(2) 子どもは「心の問題」を他人には容易に明かさず一人で苦しむケースが多い。その問題を初期の段階で発見しなければならない。養護教諭の観察力を高めることである。

(3) すべての教師に関しては，カウンセリング・マインドの習得が必要である。養護教諭として，この能力の取得のために教師研修に積極的に関わる必要がある。

(4) 教護教諭が得た情報を学級担任や保護者に流し，解決の糸口を見出さなければならない。だが，親に言えないから保健室に来たのに，簡単に情報が流れたとなれば不信感を抱きかねない。連携には慎重でなければならない。

●論点

昨今は「心の問題」を抱えた子どもが多い。その子らに，養護教諭としてすべきことは何か，さらにあなたはその子らとどのように向き合うか，基本的な考えを述べる。これを前文とする。

本文では，前文で述べた基本的な考えを，2つの観点から多面的かつ具体的に掘り下げていく。「私はこのように○○する」と書くことが重要で，決して他人事の評論にならないようにしたい。本文の字数は，全体の3分の2をあてる。

最終の段落は，このテーマに対するあなた自身の研修課題を取り上げ，その解決策について簡潔に述べて文章を締める。「子どもが相談しやすい養護教諭になるために成すべきこと」などが挙げられるだろう。

2010年度　論作文実施問題

【全校種】

●テーマ

近年，変化の激しい時代の中で，学校教育の一層の充実を図るためには，教員一人ひとりが資質能力の向上に努めることが，これまで以上に強く求められています。あなたは，このことについてどのように考えますか。

また，あなたは，教員としての資質能力を高めるために，どのように取り組んでいきますか。具体的に書いてください。(800字以内)

●テーマの分析

教師の資質能力の向上は，いつの時代でも求められていた。このテーマは「変化の激しい時代の中」での「学校教育の一層の充実」である。この「一層の充実」とは何を指しているのであろうか。これを論理的に説明するのである。

中央教育審議会の答申に「これからの子どもたちに必要となるのは，いかに社会が変化しようと，自分で課題を見つけ，自ら学び，自ら考え，主体的に判断し，行動し，よりよく問題を解決する資質や能力であり，また，自らを律しつつ，他人とともに協調し，他人を思いやる心や感動する心など，豊かな人間性である」としている。さらにたくましく生きるための健康や体力が不可欠であるともしている。そして，この資質や能力を，変化の激しいこれからの社会での［生きる力］と称し，バランスよく育むとしている。このことに教師の一人として筆者はどのように努力するかと問うている。

●論点

テーマが求めている教師の資質能力とは何か。変化の激しい時代とどう結びつくのか，さらに理由を述べる。この資質能力を身につけるために，筆者はどうするのか，この前文でその結論を述べる。

本文は結論の具現化である。異なる2つの視点から具体的に述べるのである。その1つが自主的な学習であれば，他は豊かな人間性やたくましく生きるための健康や体力とする。この本文の字数は，全体の3分の2を当てる。

最終段落は，テーマに関する筆者の研修課題を挙げ，課題解明にどのように努力するかを簡潔に述べるとよい。

2009年度　論作文実施問題

【全校種】

●テーマ

近年，子供たちの豊かな人間性や社会性などをはぐくむために心に響く道徳教育の充実がますます重要になってきています。あなたはその理由についてどのように考えますか。また，あなたは心に響く道徳教育をすすめる上で教員としてどのような教育活動に取り組んでいますか。具体的に書いてください。

●テーマの分析

設問には「豊かな人間性や社会性などをはぐくむ」とある。これをあなたは不易の課題とするか，それとも流行の課題とするかである。設問にある「近年」の一言を，①　グローバル化する新しい時代に生き抜くため，と未来志向で読み取るか，それとも②　最近の青少年の問題行動の多発傾向，という現状確認からの課題と捉えるかである。

「豊かな人間性や社会性などをはぐくむ」は近年だけでなく，人間社会にとって永遠の課題なのである。それを，特に近年は重要視されている。この「豊かな人間性」にしても，「社会性」にしても「生きる力」として中央教育審議会等でその重要性は述べられている。

道徳教育は高校を含むすべての学校教育の中で行われるのであって，道徳という授業の中だけのことではない。となると「豊かな人間性や社会性」と道徳教育との関係もはっきりさせなければならない。

●論点

前文でまず，近年「豊かな人間性や社会性」を育む道徳教育が重要視されているかに答える。さらにあなたはこの課題のための道徳教育をどのように行うかを結論を述べる。

本文では，あなたの道徳教育の実践方法を具体的に2例挙げる。まず志望校種をあきらかにし，その子らの発達段階をはっきりさせる。小中学校であるなら，道徳の授業がその一つであろう。もう1点は教科科目の授業がある。特別活動も総合的学習の時間でも可能である。また授業以外の給食や清掃の場でも指導ができる。指導は，あなたならではを示すとよい。

この本文の字数は全体の3分の2を当てるとよい。

最終段落は，あなた自身のこの課題に関する研修課題を挙げる。高校生にとっての道徳教育がまだはっきりと理解できていないなどである。その課題解明にどのように努力するかを簡潔に述べるとよい。

2008年度　論作文実施問題

【全校種】

●テーマ

学校は，家庭及び地域住民と連携・協力して教育を進めていくことが求められています。あなたはその理由についてどのように考えますか。また，特に保護者と連携・協力を進めていく上で，あなた自身が教員として日ごろの教育活動の中で，どのようなことに取り組んでいきますか。具体的に書いてください。

●テーマの分析

ここでは，大きく2点の問題が提起されている。先ず，①学校は，家庭及び地域住民と連携・協力して教育を進めていくことが求められている。②では，教員として日ごろの教育活動の中でどのようなことに取り組んでいきますか。先ず，序論5行以内で①に関して学校の意図を理解していなければ本論の狙いがおかしくなるので注意する。先ず，その地域の風土に対する理解や，何か問題が生じた場合，もしくは生じそうな場合，事前に防止や抑止する連携をとっておかなければならない。自然災害を含めてのことである。本論では，最近のニュースで児童・生徒の被害が多発している現在，学校単位で通学路の設定や，それに理解を持って頂く為の，近隣への挨拶等，学習面では郷土の研究に対し，御年輩の方々の指導のもと，社会科見学を兼ね，体験学習の実践等を通し，地域住民皆が協力し，児童・生徒を守っていく環境づくりに力をいれ，教師自ら，周辺の巡回指導へ出る。家庭に於いては，小さな事でも，担任に相談できる雰囲気を作ってあげる努力が必要であり，学校としても求められている。結論として，次に②に対する課題で，どのように取り組んでいるか具体的に記述し，その大切さを結論としてもっていく。この傾向は，少子化と反比例して増加していく犯罪により，児童・生徒を守る為，ますます増加していく問題である。

●論点

現在，都会でも地方でも周囲の大人達が，児童・生徒に無関心であり，悪さをしていても見て見ぬふりする傾向があたりまえのようになってきており，悪い事を発見したら，毅然とした態度で叱り，良い事をしたら褒めてあげるように，もっと地域・家庭・学校が密に連携をとり，事件・事故の防止に努めることの重要性が求められている。

2007年度　論作文実施問題

【全校種】

●テーマ

「最近の子どもたちは，基本的な生活習慣が十分身に付いていないのではないか。」という指摘があります。あなたはこのことについてどのように考えますか。
また，子どもたちに基本的な生活習慣を身に付けさせるためには，あなたは教員としてどのようなことに取り組みたいと思いますか。具体的に書いてください。

●テーマの分析

「基本的生活習慣」とは何か。この定義付けをはっきりさせておくことである。ある本に，次のように記載されてある。

基本的生活習慣とは「人間のあらゆる態度や行動の基礎になるもの」と考えることができる。その内容は，

1　生命尊重，健康・安全に関すること　①生命の尊重　②健康・安全に関するもの

2　規則正しく，きまりよい生活に関すること　①物・金銭の活用及び自他の物の区別　②時間に関するもの

3　礼儀作法　①あいさつと言葉遣い　②身だしなみ・身のまわりに関するもの　③自己・他者を大切にする心情や態度　④規則を守ること　⑤公衆道徳に関するもの

に分類できる。

これらは主として家庭で形成されるが，学校ではこれらの強化発展と，集団教育による効果的指導が期待される。

●論点

前文(字数は全体の6分の1)ではまず，基本的生活習慣とは何かの定義づけをする。その基本的生活習慣を身に付けさせるのに，教師としてどうするかの結論を述べる。

本文(字数は全体の3分の2)ではまず，この論文で対象にする子どもの校種を明らかにする。その発達段階をふまえた具体的な指導方法を2例述べる。その具体策で書き手(受験者)の個性あふれるやり方を示し，豊かな人間性の持ち主であると読み取らせる。

結文(字数は全体の6分の1)は，書き手のテーマに関する研修課題を挙げ，その解明にどう努力するかを簡潔に述べる。対象が小中学生であるなら，家庭教育との関わりが大きい。連携がうまく取れるかどうかも研修課題の一つであろう。

2006年度　論作文実施問題

【全校種】

●テーマ

人と人との関わりをもつことが苦手な子どもたちが増えていると言われていますが，あなたはこのことについてどう思いますか。また，円滑なコミュニケーションを図ることが充実した社会生活を送るためには大切です。子どもたちにコミュニケーション能力を身につけさせるために，学校においてどのような取組が必要だと思いますか。具体的に書きなさい。

●テーマの分析

今日の子どもはコミュニケーション能力が欠如しているといわれているが，本当であろうか。論文は書き手の主張であるから，己の考えをはっきり示さなければならない。学校は集団教育の場である。集団教育は，コミュニケーション能力の育成も目標としている。教師の一人として，この目標にどのように努力するかを問われているのである。テーマは「必要ですか」であるが，この論文は教員採用試験で課されているのである。評論を求めているのではない。

●論点

前文ではまず，子どもたちになぜコミュニケーション能力の育成が必要なのかを述べる。そして志望校種の発達段階の子どもに，教師としてどのように取り組むか，基本的な考えを述べる。小学生と高校生では対応の仕方が異なるのは当然である。

本文では，基本的な考えの具体的な取り組み方である。「私はこのような考えで，このように実践する」である。「～が必要である」では評論になってしまう。

最後の段落では，己の抱えた多くの研修課題のうちからこのテーマに関する課題を一つ取り上げ，どう研修に取り組むかを簡潔に述べるとよい。

2005年度　論作文実施問題

【全校種】

●テーマ

これからの学校教育においては，体験的な学習を充実してくことが大切であるといわれていますが，あなたは，その意義や重要性についてどのように考えますか。また，あなたなら，学習指導等の教育実践の中で，体験的な学習をどのように取り入れていきますか。具体的に書いて下さい。(600字以上800字以内)

●テーマの分析

「大切であるといわれています」というが，あなたはどう考えるのか。「世間がそう言うから」では，主体性のなさをさらけ出している。なぜ体験学習が重要視されるのか。論理的に説明できなければならない。

平成13年の文部科学省「21世紀教育新生プラン」を見ても，「多様な体験を通じた豊かな人間性の育成」とある。そこには自然体験や職場体験，奉仕体験活動等々が記載されてある。

●論点

前文(全体の6分の1程度の字数)では，体験学習の意義と重要性を述べる。冒頭に結論を示すのは，読み手は論旨がはっきりするので内容の理解が容易である。それに続いて学習指導の中での位置づけを述べ，本文での具体策の橋渡しをする。

本文(全体の3分の2程度の字数)では，前文で挙げた基本的な考えの具体的な取り組み方を述べる。この本文は起承転結の承と転で，2つの具体策を挙げる。承が教科指導であれば，転は総合的学習でどのように取り組ませるかである。だがバズ学習ではあえてフリートーキングにするなどである。そのほかにロールプレイ等もある。

結文(全体の6分の1程度の字数)は己の評価をするとよい。教師として未熟であれば，高校生気質を十分理解しているとはいえない。コミュニケーション能力は生徒間のみならず，己と生徒との間にもある。これからはどのように生徒から学んでいくかを述べるのもよい。決意表明で終わってはならない。

2003年度　論作文実施問題

【全校種】

●テーマ

不登校やいじめの問題，学力不振による親の不安があるが，これからどんな学校を目標にしていきたいですか。また，あなたはどんな点で努力をしていきたいですか。

●テーマの分析

不登校，いじめ，学力不振と，どれも今日の学校が抱えた教育課題である。

文部科学省は13年度「生徒指導上の諸問題の現状(速報)」を発表した。

1. 暴力行為の発生件数	学校内前年度より	4.2%減
	学校外前年度より	11.7%減
2. いじめの発生件数	前年度より	18.9%減
3. 不登校児童生徒数	過去最多の前年度より	3.3%増

OECD生徒学習到達度調査の2000年度調査国際結果によると，日本の高校生は趣味で読書をしているとする数は31カ国中最下位，宿題や自分の勉強をする時間も最低である。

●論点

テーマは健全育成に関することと，学力向上策の2点である。前者については，「生徒一人一人の心の教育を充実し，心と心のネットワークづくりと自他の生命を大切にする人権尊重の教育の推進」とする。後者については「基礎・基本の完全習得を図り習熟度別学習をはじめ選択教科を充実するなどして個に応じた指導を充実する」とする。テーマの「どんな学校を目標に」との回答はこれらをさらに簡潔に表現するとよい。

本文は「あなたはどんな点で努力を」の回答にする。本文は「起承転結」の「承」と「点」を当て，2つの努力する方法を述べる。

結文はあなた自身の努力すべき課題を挙げ，具体的な取り組み方を述べる。

面接試験　実施問題

2024年度

◆実技試験(1次試験)

※各評価の視点について，5段階で評価

▼中高英語・特支中高英語

【課題1】

□リスニング

対話文，説明文を聞いて内容を問うリスニングテスト

＜評価の視点＞

・概要や要点を聞き取る力

・聞き取った情報を基に書く力

【課題2】

□スピーキング

グループディスカッションによるスピーキングテスト(テーマは当日指定)

＜評価の視点＞

・積極性

・内容

・表現力及び発音

▼中高音楽・特支中高音楽

【課題1】

□次のいずれかによる任意の楽曲の独奏

○ピアノ

○声楽

○その他の楽器(電子楽器を除く)

＜評価の視点＞

・表現力及び技術力

【課題2】

□次の3曲の中から1曲を，ピアノ伴奏をつけての歌唱(曲は当日指定)

○「赤とんぼ」作詞：三木露風 作曲：山田耕筰

○「早春賦」作詞：吉丸一昌 作曲：中田 章

○「帰れソレントへ」作詞：G. B. デ・クルティス　作曲：E. デ・クルティス

＜評価の視点＞

・歌唱力及び伴奏力

【課題3】

□次の合唱教材を歌いながらの指揮
(演奏のポイントの簡単な説明を含む)

○「夏の思い出」作詞：江間章子 作曲：中田喜直

＜評価の視点＞

・指導力及び技術力

※携行品：音楽実技に必要な楽器(ピアノ以外)及び楽譜

▼中高美術・特支中高美術
「生徒に示す参考作品」の制作

【課題1】

□表現分野は「平面又は立体」(題材は当日指定)

＜評価の視点＞

・発想や構想の能力

・発想や構想を基に表現する技能

【課題2】

□主題設定の理由及び指導上の留意点についての説明等

＜評価の視点＞

・題材に対する知識及び理解

・指導上の留意点の理解

▼中高保体・特別支援中学部及び高等部
【課題1】
□器械運動
　マット運動(連続技)
【課題2】
□ボール運動(ドッジボールを使用)
　ドリブル，キャッチング
【課題3】
□体つくり運動(短なわを使用)
　二重跳びを含む3種類以上の跳び方
＜評価の視点＞(課題1～3共通)
・各領域に対する知識及び技能
・運動に対する心構えや姿勢
※携行品：体育実技のできる服装及びシューズ(体育館のみで使用するもの)

▼中学技術・特支中学技術
「技術とものづくり」についての実技
題材：簡単な日用品の製作(テーマは当日指定)
【課題1】
□製作品の設計
＜評価の視点＞
・製作品の機能性及びアイデア性
・材料の有効活用
【課題2】
□製作品の部品加工及び組立て
＜評価の視点＞
・加工の技術・作業の正確さ
・安全への配慮
・製作品の完成度

・実技に対する心構えや姿勢
※携行品：技術実技のできる服装及びシューズ

▼中高家庭・特支中高家庭
【課題1】
□被服製作(題材は当日指定)
【課題2】
□調理実技(題材は当日指定)
＜評価の視点＞(課題1，2共通)
・題材についての理解及び知識・技術
・製作品の完成度
・実技に対する心構えや姿勢
※携行品：調理に関する実技のできる服装

▼養護教諭
【課題】
□救急法等養護に関する実技(テーマは当日指定)
＜評価の視点＞
・疾患等の知識・理解を基にした観察力，判断力及び対応力
・保健指導等の実践力
※携行品：養護に関する実技のできる服装及びシューズ

◆集団面接(討議)(1次試験)
※各評価の視点について，5段階で評価
【討議の課題】
▼中学理科　面接官3人 受験者5人　45分
【テーマ】
□子ども達が情報モラルを身に付け，情報通信機器を適切に活用できるようにするために，どのようなことを心がけたらよいか。

・はじめに考える時間→1人2分以内で発表→討論の流れ。

＜座席配置＞

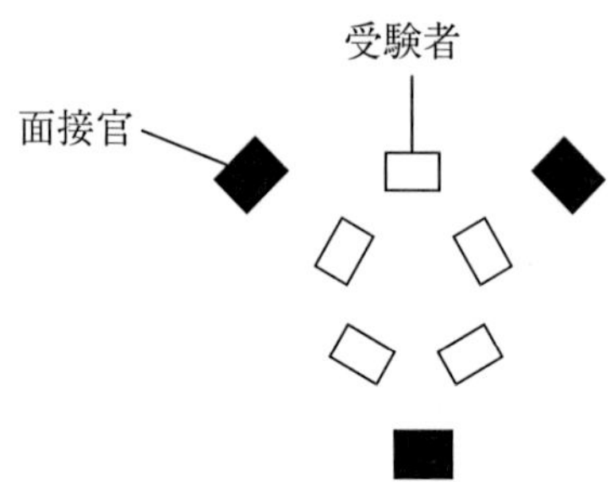

◆適性検査(2次試験)　50分

▼全校種

【検査内容】

□クレペリン検査

・1分間でとなりあう一列の数字を足していく。

・前半と後半で分けて実施される。

◆実技(2次試験)

※各評価の視点について，5段階で評価

▼小学校・特支小学部

【課題・体育】

□機械運動

マット運動(連続技)

□ボール運動(ドッジボールを使用)

①ドリブル　②キャッチボール

□体つくり運動(短なわを使用)

二重跳びを含む3種類以上の跳び方

＜評価の視点＞
・領域に対する知識及び技能
・運動に対する心構えや姿勢
※携行品：体育実技のできる服装及びシューズ(体育館のみで使用するもの)，短なわ(なわ跳び用)
【課題・音楽】
□次の小学校の共通教材3曲の中から，当日自ら1曲を選択し歌唱(伴奏なし)
○「春の小川」文部省唱歌
○「とんび」文部省唱歌
○「われは海の子」文部省唱歌
＜評価の視点＞
・歌唱力及び指導力
□次のいずれかによる任意の楽曲の独奏
○電子ピアノ
○その他の楽器(電子楽器を除く)
＜評価の視点＞
・表現力及び技術力
※携行品：音楽実技に必要な楽器(電子ピアノ以外)及び楽譜

◆集団面接(2次試験)
※模擬授業及び討議を行う。
※各評価の視点について，5段階で評価
＜評価の視点＞
・教育的愛情，教育に対する情熱・意欲，教育観，人権意識，倫理観，表現力，創造力，指導力，社会性，積極性，協調性等
▼全校種(養護教諭以外)
【模擬授業の主題及び討議の課題】
Aグループ

○模擬授業の主題：「伝え合うことの大切さ」
○討議の課題：このグループで協力して，小学校5年生(中学校2年生，高校2年生)の子どもたちに「伝え合うことの大切さ」について考えを深めさせる1時間の授業を立案することとします。どのような授業にするか，討議してください。

Bグループ
○模擬授業の主題：「きまりを守ることの大切さ」
○討議の課題：このグループで協力して，小学校5年生(中学校2年生，高校2年生)の子どもたちに「きまりを守ることの大切さ」について考えを深めさせる1時間の授業を立案することとします。どのような授業にするか，討議してください。

Cグループ
○模擬授業の主題：「自ら考え行動することの大切さ」
○討議の課題：このグループで協力して，小学校5年生(中学校2年生，高校2年生)の子どもたちに「自ら考え行動することの大切さ」について考えを深めさせる1時間の授業を立案することとします。どのような授業にするか，討議してください。

▼中学理科　面接官3人　受験者6人　60分
【テーマ】
□きまりを守ることの大切さ
・15分構想，5分で授業
・40分討論で，1つの授業をつくる。

▼高校国語　面接官3人 受験者5人　50分
【テーマ】
□自ら考えて行動することの大切さに関しての授業をLHRで1時間行うという形で立案してください。その際先に行った模擬授業を参考にしても構いませんので、30分間話し合ってください。

▼養護教諭

【模擬授業の主題及び討議の課題】

Aグループ

○模擬授業の主題：「歯と口の健康づくり」

○討議の課題：このグループで協力して，中学校2年生の子どもたちに，「歯と口の健康づくり」について考えを深めさせる1時間の授業を立案することとします。どのような授業にするか，討議してください。

Bグループ

○模擬授業の主題：「不安や悩みへの対処」

○討議の課題：このグループで協力して，中学校2年生の子どもたちに，「不安や悩みへの対処」について考えを深めさせる1時間の授業を立案することとします。どのような授業にするか，討議してください。

Cグループ

○模擬授業の主題：「睡眠と健康」

○討議の課題：このグループで協力して，中学校2年生の子どもたちに，「睡眠と健康」について考えを深めさせる1時間の授業を立案することとします。どのような授業にするか，討議してください。

▼教職チャレンジサポート選考

【模擬授業の主題及び討議の課題】

Aグループ

○模擬授業の主題：「伝え合うことの大切さ」

○討議の課題：このグループで協力して，小学校の子どもたちに「伝え合うことの大切さ」について考えを深めさせる授業の在り方について，討議してください。

Bグループ
○模擬授業の主題：「きまりを守ることの大切さ」
○討議の課題：このグループで協力して，小学校または中学校の子どもたちに「きまりを守ることの大切さ」について考えを深めさせる授業の在り方について，討議してください。

Cグループ
○模擬授業の主題：「自ら考え行動することの大切さ」
○討議の課題：このグループで協力して，高等学校の子どもたちに「自ら考え行動することの大切さ」について考えを深めさせる授業の在り方について，討議してください。

◆個人面接
※各評価の視点について，5段階で評価
＜評価の視点＞
・教育的愛情，教育に対する情熱・意欲，教育観，人権意識，倫理観，表現力，創造力，指導力，社会性，積極性，協調性等
▼中学理科　面接官3人　20分
【質問内容】
□志望動機。
□「主体的，対話的で深い学び」とは何か。
・答えに対して深掘りされる。
【場面指導】
□掃除をしない生徒を叱ったところ，保護者からきつく叱らないでほしいという電話，どう対応するか。
□保健室登校の生徒がいる。どう対応するか。

▼高校国語　面接官4人　20分

【質問内容】

□教員を志望した理由。

□保健室登校が頻繁な生徒にどう対応するか。

→保険医からも生徒からも情報が得られなかった場合どうするか。

□掃除をしておらず叱った生徒の保護者から苦情がきたらどう対応するか。

→その生徒から事情を聞く時に何に気をつけるか。

□地域の人や保護者と信頼関係を築くにはどうするか。

→他にも方法を二つ教えて。

□情報活用能力が求められているがなぜか。

□他者と協働する、力強くたくましい山口っ子を育てるという目標があるがどういう活動を行うか。

→他にもどのような活動を行うか。

□主体的で深い学びのためにどういう工夫を行うか。

□生徒の目線に立った授業をするためにどう取り組むか。

【場面指導】

□保健室登校が頻繁な生徒にどう対応するか。

→保険医からも生徒からも情報が得られなかった場合どうするか。

□掃除をしておらず叱った生徒の保護者から苦情がきたらどう対応するか。

→その生徒から事情を聞く時に何に気をつけるか。

□学校に行きたくないと言っていると保護者から電話が入った場合どうするか。

2023年度

◆実技試験(1次試験)

※各評価の視点について，5段階で評価

▼中高英語・特別支援中学部及び高等部

【課題1】

□リスニング

対話文，説明文を聞いて内容を問うリスニングテスト

<評価の視点>

・概要や要点を聞き取る力

・聞き取った情報を基に書く力

【課題2】

□スピーキング

グループディスカッションによるスピーキングテスト(テーマは当日指定)

<評価の視点>

・積極性

・内容

・表現力及び発音

▼中高音楽・特別支援中学部及び高等部

【課題1】

□次のいずれかによる任意の楽曲の独奏

○ピアノ

○声楽

○その他の楽器(電子楽器を除く)

<評価の視点>

・表現力及び技術力

【課題2】

□次の3曲の中から1曲を，ピアノ伴奏をつけての歌唱(曲は当日指定)

○「夏の思い出」　作詞：江間章子　作曲：中田喜直

○「花の街」　作詞：江間章子　作曲：團伊玖磨

○「サンタ　ルチア」　ナポリ民謡

<評価の視点>

・歌唱力及び伴奏力

【課題3】

□次の合唱教材を歌いながらの指揮
(演奏のポイントの簡単な説明を含む)
○「花」　作詞：武島羽衣　作曲：滝廉太郎
＜評価の視点＞
・指導力及び技術力，歌唱力
※携行品：音楽実技に必要な楽器(ピアノ以外)及び楽譜

▼中高美術・特別支援中学部及び高等部
「生徒に示す参考作品」の制作
【課題1】
□表現分野は「平面又は立体」(題材は当日指定)
＜評価の視点＞
・発想や構想の能力
・発想や構想を基に表現する技能
【課題2】
□主題設定の理由及び指導上の留意点についての説明等
＜評価の視点＞
・題材に対する知識及び理解
・指導上の留意点の理解

▼中高保体・特別支援中学部及び高等部
【課題1】
□器械運動
マット運動(倒立前転を含む4種類の連続技)
【課題2】
□陸上競技
ハードル走(ハードリング)
【課題3】
□球技
サッカー(ボール操作)

【課題4】
□武道
剣道(体さばき，竹刀操作)
【課題5】
□ダンス
現代的なリズムのダンス(曲は当日指定)
<評価の視点>(課題1～5共通)
・領域に対する知識及び技能
・運動に対する心構えや姿勢
※携行品：体育実技のできる服装及びシューズ(体育館のみで使用するもの)

▼中高技術・特別支援中学部及び高等部
「技術とものづくり」についての実技
題材：簡単な日用品の製作(テーマは当日指定)
【課題1】
□製作品の設計
<評価の視点>
・製作品の機能性及びアイデア性
・材料の有効活用
【課題2】
□製作品の部品加工及び組立て
<評価の視点>
・加工の技術・作業の正確さ
・安全への配慮
・製作品の完成度
・実技に対する心構えや姿勢
※携行品：技術実技のできる服装及びシューズ

▼中高家庭・特別支援中学部及び高等部

【課題1】
□被服製作(題材は当日指定)
【課題2】
□調理実技(題材は当日指定)
＜評価の視点＞(課題1，2共通)
・題材についての理解及び知識・技術
・製作品の完成度
・実技に対する心構えや姿勢
※携行品：調理に関する実技のできる服装

▼養護教諭
【課題】
□救急法等養護に関する実技(テーマは当日指定)
＜評価の視点＞
・疾患等の知識・理解を基にした観察力，判断力及び対応力
・保健指導等の実践力
※携行品：養護に関する実技のできる服装及びシューズ

◆集団面接(討議)(1次試験)
※各評価の視点について，5段階で評価
＜評価の視点＞
・表現力，判断力，社会性，積極性，協調性等
【討議の課題】
(A)グループ
□子どもたちの「規範意識や倫理観」を育成するために，私たちはどのようなことに心がけたらよいか，みなさんで話し合ってください。
(B)グループ
□子どもたちの「主体的に学び続ける態度」を養うために，私たちはどのようなことに心がけたらよいか，みなさんで話し合ってくださ

い。

(C)グループ

□子どもたちの「他者を思いやる心」を育むために，私たちはどのようなことに心がけたらよいか，みなさんで話し合ってください。

(D)グループ

□子どもたちが，「郷土への誇りと愛着」をもつために，私たちはどのようなことに心がけたらよいか，みなさんで話し合ってください。

(E)グループ

□子どもたちが，「困難に立ち向かい，それに打ち勝とうとする態度」を身に付けるために，私たちはどのようなことに心がけたらよいか，みなさんで話し合ってください。

▼小学校　面接官3人 受験者5人　30分

【テーマ】

□子どもたちの規範意識や倫理観を育成していくために，どのようなことをしていきますか。

・1人2分ずつ考えを述べ，2分経ったら途中でも切られる。

・発表の順番はくじ順。

・発表後，そのまま集団討論に入る。

・お互いは座席にある番号で呼び合う。

・教員としてだけでなく，様々な視点から話し合うこと，と指示がある。

・メモ用紙を渡され，討論後回収される。

▼小学校　面接官3人 受験者5人　40分

【テーマ】

□児童が主体的に学び続ける態度を養うために，何を心がけますか。

・最初の2分，自分の考えを発言する際に，他の人が出していない視点を挙げることで，討論に広がりをもたせることができる。

▼中学数学　面接官3人 受験者6人　50分

【テーマ】

□困難を乗り越えることについて，あなたはどう思いますか。困難を乗り越えるにあたり，どのような取り組みをしようと思いますか。

・最初に課題文を読み，メモ用紙に自分の意見を5分でまとめる。その後，くじ引きで発表の順番を決める。

・1人2分で意見を発表。その後40分間，自由に意見を述べる討論。

・教員としての立場でなく，地域の人や保護者の立場，また社会人としての立場や視点から自由に意見を発表してください，という指示あり。

・3人の面接官は一定時間ごとに席を移動して，様々な位置から受験生を観察して採点している様子だった。

・課題文が書かれたメモ用紙は回収される。

◆適性検査(2次試験)　50分

▼全校種

【検査内容】

□内田クレペリン検査

・横1列に数字が書いてあり，その隣同士の数字を足して，その数の下1桁を数字の間に書いていく。

・最初に，例題を見て，数問練習をする。

・途中で，5分くらい休憩が与えられる。

◆実技試験(2次試験)

※各評価の視点について，5段階で評価

▼小学校・特別支援小学部

【課題・体育】

□マット運動(後転を含む3種類の技)

□ボール運動(ドッジボールを使用)
①ドリブル　②キャッチボール
□体つくり運動(短なわを使用)
二重跳びを含む3種類以上の跳び方
＜評価の視点＞
・領域に対する知識及び技能
・運動に対する心構えや姿勢
※携行品：体育実技のできる服装及びシューズ(体育館のみで使用するもの)，短なわ(なわ跳び用)
【課題・音楽】
□次の小学校の共通教材3曲の中から，当日自ら1曲を選択し歌唱(伴奏なし)
○「もみじ」文部省唱歌
○「まきばの朝」文部省唱歌
○「ふるさと」文部省唱歌
□次のいずれかによる任意の楽曲の独奏
○電子ピアノ
○その他の楽器(電子楽器を除く)
＜評価の視点＞
・表現力及び技術力
※携行品：音楽実技に必要な楽器(電子ピアノ以外)及び楽譜

▼小学校教諭
【課題・体育】
□体つくり運動(なわとび)
・練習時間(1分30秒)が与えられる。
・最初に二重とび10秒，続けて自由とびで2種類以上の技を20秒する。
□マット運動
・後転を含む3種類の技をする。
・マットが2つあり，1回目と2回目で良い出来の方が評価される。

□ボール運動
①ドリブル
・2つのコーンを8の字にドリブルする。
②キャッチボール
・2人組(面接官と)で2回，片手で投げ合う。
・キャッチは胸の前で，両手で受け取る。
・最初，2分の練習時間がある。
【課題・音楽】
□課題曲「ふるさと」「もみじ」「まきばの朝」の3曲から1曲選択して歌唱(伴奏なし)
□任意の楽器を選択し，自由曲を2分で演奏する
・1人ずつ教室に入り，他の人は外で待つ。
・マスクは外してもOK。

▼小学校教諭
【課題・体育】
□体つくりの運動(短なわ)(面接官3人，受験者5～6人)
・二重跳びを含む計3種類の跳び方(二重跳び10秒，2種類の跳び方20秒)。
・始めに受験番号を言う(名前は言わない)。
・練習時間は1分30秒(準備運動も含む)。
・始めの10秒だけ合図があるが，20秒間は自由に2種類跳ぶ。
・マスクは外してよい。
□マット運動(面接官3×2人，受験者10～11人)
・後転を含む3種類の技(順番は自由)。
・練習時間は2分(2つのマットを10人程で使う)。
・始めに受験番号を言う(名前は言わない)。
・3つの技を，マットを変えて2回連続で行う。
・2回のうち，より良かった方を評価される。
・マスクは外してよい。

□ボール運動(面接官3人，受験者10～11人)
・8の字ドリブル・キャッチボール(キャッチボールは面接官と行う)。
・練習時間は1分半。
・始めに受験番号を言う(名前は言わない)。
・ドリブルは左右どちらかのみでしてもよいが，同時に両手でしてはいけない。
・キャッチボールは2往復。
・面接官との距離は8mほど。
【課題・音楽】
□歌唱(伴奏無し)「もみじ」「ふるさと」「まきばの朝」共通教材3曲の中から，当日自ら1曲を選択し歌唱
・歌唱は曲なしで，1番だけ歌う。
□電子ピアノもしくはその他の楽器(電子楽器を除く)による任意の楽曲の独奏
・制限時間は2分。
・繰り返しのある曲は繰り返してもよい。

◆集団面接(2次試験)
※模擬授業及び討議を行う。
※各評価の視点について，5段階で評価
＜評価の視点＞
・教育的愛情，教育に対する情熱・意欲，教育観，人権意識，倫理観，表現力，創造力，指導力，社会性，積極性，協調性等
▼全校種(養護教諭以外)
【模擬授業の主題及び討議の課題】
Aグループ
□模擬授業の主題：「働くことの意義」
討議の課題
　このグループで協力して，小学校5年生(中学校2年生，高校2年生)の

子どもたちに「働くことの意義」について考えを深めさせる1時間の授業を立案することとします。どのような授業にするか，討議してください。

Bグループ

□模擬授業の主題：「多様な人々と協働することの大切さ」

討議の課題

このグループで協力して，小学校5年生(中学校2年生，高校2年生)の子どもたちに「多様な人々と協働することの大切さ」について考えを深めさせる1時間の授業を立案することとします。どのような授業にするか，討議してください。

Cグループ

□模擬授業の主題：「家庭学習の大切さ」

討議の課題

このグループで協力して，小学校5年生(中学校2年生，高校2年生)の子どもたちに「家庭学習の大切さ」について考えを深めさせる1時間の授業を立案することとします。どのような授業にするか，討議してください。

▼小学校　面接官3人　受験者6人　60分

【テーマ】

□「多様な人々と協働することの大切さ」小5学活

・15分で考える。

・1人ずつ5分間授業の導入を行う(他の受験者が子ども役)。

・それをもとに6人で1つの授業をつくる(集団討論)。

▼小学校　面接官3人　受験者6人　75分

【テーマ】

□「働くことの意義」について

・構想15分，模擬授業1人5分，集団討論30分。

・児童役はお互いの番号で呼び合う。

・模擬授業の順番はくじ順。
・構想用紙は一度回収され，模擬授業前にもらう。
・模擬授業前に「座席番号・校種・学年」を言う。
・模擬授業は特別活動で行うこと。
・模擬授業後机を動かし，輪の形にして討論を始める。
・面接官は10分おきに場所を移動する。
・1時間の指導案を作るための集団討論だが，用紙を提出したり発表したりすることはない。

▼中学社会　面接官3人　受験者6人
【テーマ】
□「多様な人々と協働することの大切さについて」について
・学級活動の時間を想定。
・15分間考える時間あり。

▼高校工業　面接官4人　受験者6人　100分
【テーマ】
□「多様な他者と協働するために必要な力」について。
・6人の受験者で，生徒役に5人，授業者1人。
・くじびきで順番を決め，ローテーションで行う。
・最初に15分ほど指導案を構想する時間が与えられる。指導案は回収されるので，この時にしっかり考えておく必要がある。

▼養護教諭
【模擬授業の主題及び討議の課題】
Aグループ
□模擬授業の主題：「健全な食生活を実践することの大切さ」
討議の課題
　このグループで協力して，中学校2年生の子どもたちに，「健全な食生活を実践することの大切さ」について考えを深めさせる1時間の授業を立案することとします。どのような授業にするか，討議してください。

Bグループ

□模擬授業の主題：「熱中症の予防」

討議の課題

このグループで協力して，中学校2年生の子どもたちに，「熱中症の予防」について考えを深めさせる1時間の授業を立案することとします。どのような授業にするか，討議してください。

Cグループ

□模擬授業の主題：「スマートフォンなど情報機器の適切な利用と健康」

討議の課題

このグループで協力して，中学校2年生の子どもたちに，「スマートフォンなど情報機器の正しい利用と健康」について考えを深めさせる1時間の授業を立案することとします。どのような授業にするか，討議してください。

◆個人面接

※各評価の視点について，5段階で評価

＜評価の視点＞

・教育的愛情，教育に対する情熱・意欲，教育観，人権意識，倫理観，表現力，創造力，指導力，社会性，積極性，協調性等

▼小学校教諭　面接官3人　15分

【質問内容】

□教員を志望した理由。

□普段から教員になるために努力していること。

□困った経験。

□主体的・対話的・深い学びが求められているのはなぜか。

→学んだことを生活に活かすための具体的な取組は。

□教育的愛情とは

→「一人一人に寄り添う」とあるが，具体的な場面を挙げてください。

【場面指導】

□児童から，「SNSで仲間はずれにされている」と言われたときの対応。

→仲間はずれにした児童に対してどう指導するか。

□保護者から，「うちの子が夏休みの宿題をやらなくて困っている。どうにかしてほしい」と電話があったときの対応。

□児童が，朝寝坊して遅刻したり，朝ご飯を食べて来なかったりしている。どうするか。

→保護者の方になんと言うか。

▼小学校教諭　面接官4人　20分

【質問内容】

□あなたが教員を志望する理由。

□教員になるために，あなたはどのような努力をしているか。

□「教育的愛情」とは，どのようなものだと思うか。

【場面指導】

□忘れ物が多い児童に対してどのように対応するか。

□朝ごはんを食べない，遅刻しがちな児童に対して，どのような対応をするか。

□宿題をしない児童に対して，あなたは放課後に居残り学習をさせた。保護者にはどのように説明するか。

□ある教員が教室に何人か集めていやがらせ行為をしているのをあなたが見た時，どのように対応するか。

▼小学校教諭　面接官3人　20分

【質問内容】

□志望理由。

□児童と接する上で心がけたことは。

→大変だったことは。
□どんなことに気を付けて大学で学んできたか。
□あなたにとって子どもの人権とは。
□主体的・対話的で深い学びが必要な理由。
→具体的な方法，どのように実現させるか。
【場面指導】
□ノートが書けないためタブレットを使用している児童がいるが，不公平だと保護者から連絡があった。どう対応するか。
□偏食の子どもに対してどう対応するか。
□夏休みの宿題をやらないので補講をしてほしいと保護者から相談されたら，どう対応するか。

▼中学社会　面接官3人　10～15分
【質問内容】
□志望理由。
□主体的・対話的で深い学びが必要なのはなぜか。
□教育的愛情とは。
【場面指導】
□行きすぎた指導をしている同僚を見かけたらどうするか。
□書くことが苦手な生徒にiPadで書かせていたら，他の保護者から不公平と言われた，どうするか。
□朝起きられず，朝ご飯も食べない生徒がいたらどうするか。

▼高校工業　面接官3人　20分
【質問内容】
□教育的愛情とは何か。
□志望動機。
□教育に必要な能力。
□主体的で対話的で深い学びでのICTの活用
【場面指導】

□特別な配慮が必要な生徒への対応。
□ケガで修学旅行に行けない生徒への対応。

2022年度

◆実技試験(1次試験)
※各評価の視点について，5段階で評価
▼中高英語・特別支援中学部及び高等部
【課題1】
□リスニング
対話文，説明文を聞いて内容を問うリスニングテスト
＜評価の視点＞
・概要や要点を聞き取る力
・聞き取った情報を基に書く力
【課題2】
□スピーキング
英語による個人面接
＜評価の視点>
・積極性
・内容
・表現力及び発音

▼中高音楽・特別支援中学部及び高等部
【課題1】
□次のいずれかによる任意の楽曲の独奏
○ピアノ
○声楽
○その他の楽器(電子楽器を除く。)
＜評価の視点＞

・表現力及び技術力

【課題2】

□次の3曲の中から1曲を，ピアノ伴奏(曲は当日指定)

○「早春賦」　　　　作詞：吉丸一昌　作曲：中田章

○「荒城の月」　　　作詞：土井晩翠　作曲：滝廉太郎

○「帰れソレントへ」　作詞：G. B. デ・クルティス

作曲：E. デ・クルティス

＜評価の視点＞

・伴奏力

【課題3】

□次の合唱教材を歌いながらの指揮

(演奏のポイントの簡単な説明を含む。)

○「浜辺の歌」　作詞：林 古渓　作曲：成田為三

＜評価の視点＞

・指導力及び技術力，歌唱力

※携行品：音楽実技に必要な楽器(ピアノ以外)及び楽譜

▼中高美術・特別支援中学部及び高等部

「生徒に示す参考作品」の制作

【課題1】

□表現分野は「平面又は立体」(題材は当日指定)

＜評価の視点＞

・発想や構想の能力

・発想や構想を基に表す技能

【課題2】

□主題設定の理由及び指導上の留意点についての説明等

＜評価の視点＞

・題材に対する知識及び理解

・指導上の留意点の理解

※携行品：2Bの鉛筆，カッターナイフ

▼中高書道・特別支援中学部及び高等部

【課題1】

□漢字仮名交じりの書(実用書を含む)

【課題2】

□漢字の書

【課題3】

□仮名の書

＜評価の視点＞(課題1～3共通)

・目的や用途に即した効果的な表現

・漢字と仮名の調和した線質による表現

・古典に基づく用筆・運筆の技法と表現の工夫

・全体の構成，効果的な表現

※携行品：書道実技のできる服装，筆(大筆，中筆，小筆)，墨(または墨汁)，硯，毛氈(全紙)，文鎮，筆記用具(鉛筆，消しゴム，定規等)

※ 字書や参考書類の持ち込みは禁止します。

▼中高保体・特別支援中学部及び高等部

【課題】

□陸上競技

ハードル走(ハードリング)

□球技

ソフトボール(捕球・送球，バット操作)

□武道

剣道(体さばき，竹刀操作)

□ダンス

現代的なリズムのダンス(曲は当日指定)

＜評価の視点＞

・領域に対する知識及び技能

・運動に対する心構えや姿勢

※携行品：体育実技のできる服装及びシューズ(体育館のみで使用するもの)

▼中高技術・特別支援中学部及び高等部
「技術とものづくり」についての実技
題材：簡単な日用品の製作(テーマは当日指定)
【課題1】
□製作品の設計
<評価の視点>
・製作品の機能性及びアイデア性
・材料の有効活用
【課題2】
□製作品の部品加工及び組立て
<評価の視点>
・加工の技術・作業の正確さ
・安全への配慮
・製作品の完成度
・実技に対する心構えや姿勢
※携行品：技術実技のできる服装及びシューズ

▼中高家庭・特別支援中学部及び高等部
【課題1】
□被服製作(題材は当日指定)
【課題2】
□調理実技(題材は当日指定)
<評価の視点>(課題1，2共通)
・題材についての理解及び知識・技術
・製作品の完成度
・実技に対する心構えや姿勢
※携行品：調理に関する実技のできる服装

▼養護教諭

【課題】

□救急法等養護に関する実技(テーマは当日指定)

＜評価の視点＞

・疾患等の知識・理解を基にした観察力，判断力及び対応力

・保健指導等の実践力

※携行品：養護に関する実技のできる服装及びシューズ

▼養護教諭

【課題1】

□心肺停止：呼吸の確認～実施(人口呼吸を除く)AEDを使うBLS

【課題2】

□歯科健診後の保健指導。C，CO，GOがあった。

・時間は，課題1が30秒問題文を読んでから，2分実技。課題2は，2分考える時間があり(メモ等をとってもよい)，2分実技だった。

◆適性検査(2次試験)　50分

▼全校種

【検査内容】

□内田クレペリン検査

・隣り合う数字を足していく。

・途中に休憩がある。

・1桁の数字を足し続ける。

・放送に従って行う。

・鉛筆しか利用できない。

・一桁の足し算(3，4，5，6，7，8，9の組合せからなる)を，5分の休憩をはさんで前半15分・後半15分の30分間行った上で，1分ごとの作業量の継時的な変化のパターンから適性を診断する検査。

◆実技(2次試験)
※各評価の視点について，5段階で評価
▼小学校・特別支援小学部
【課題・体育】
□ボール運動(ドッジボールを使用)
①ドリブル　②キャッチボール
□体つくり運動(短なわを使用)
二重跳びを含む3種類以上の跳び方
＜評価の視点＞
・領域に対する知識及び技能
・運動に対する心構えや姿勢
※携行品：体育実技のできる服装及びシューズ(体育館のみで使用するもの)，短なわ(なわ跳び用)
【課題・音楽】試験官2人
□次のいずれかによる任意の楽曲の独奏
○電子ピアノ
○声楽
○その他の楽器(電子楽器を除く。)
＜評価の視点＞
・表現力及び技術力
※携行品：音楽実技に必要な楽器(電子ピアノ以外)及び楽譜

▼小学校教諭
【課題・体育】
□ボール運動(ドリブル，キャッチボール)
・ドリブルをして，キャッチボールを面接官とする。
・大きな声で受験番号を伝える。
・礼をするのを忘れない。
□体つくり運動(なわとび)

・2分間練習の時間あり，30秒の本番。最初の10秒は二重跳び。

【課題・音楽】

□音楽実技

・好きな楽器を演奏(ピアノ，リコーダー，ギターなど)。

・試験官は2人。

▼小学校教諭

【課題・体育】

□ボール運動(ドッジボールを使用)

・①ドリブル　②キャッチボール

□なわとび(短なわを使用)

・二重跳びを含む3種類以上の跳び方

【課題・音楽】

□音楽実技

・電子ピアノ，声楽，その他の楽器(電子楽器を除く)のいずれかによる任意の楽曲の独奏。

・2分以内。

・試験官は2人。

▼小学校教諭

【課題・体育】

□ボール運動

・①ドリブル　②キャッチボール(ひざを曲げる，胸の前で取る)

・10人程度1人ずつ。

□なわとび

・二重跳びを含む3種類以上の跳び方。

・5人ずつ

【課題・音楽】

□音楽実技

・ピアノ，声楽，その他の楽器(電子楽器を除く)のいずれかによる任意の楽曲の独奏。
・移動も見られているので，テキパキ行動する。

◆個人面接　時間15～25分
※各評価の視点について，5段階で評価
＜評価の視点＞(小論文と同じ)
・教育的愛情，教育に対する情熱・意欲，教育観，人権意識，倫理観，表現力，創造力，指導力，社会性，積極性，協調性等
▼小学校教諭　面接官4人　20分
【質問内容】
□志望理由。
□「ものを大切にすること」についてスピーチ2分。
□職員会議での対応，1分でスピーチを行う。
□紙を渡されて，「海岸のゴミ拾い活動について」，あなたはどう意見を言うか。

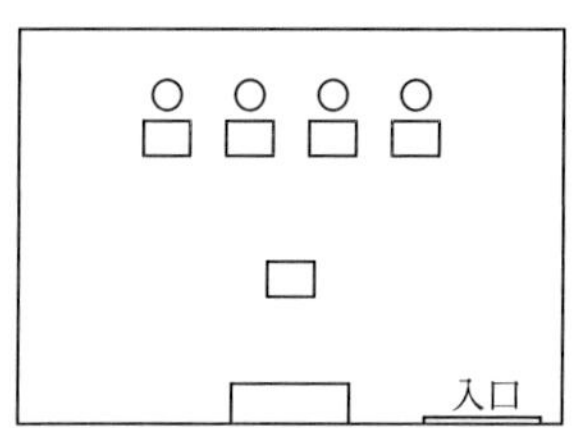

・面接官1人ずつから質問→とても話しづらい。

▼小学校教諭　面接官4人　20分
【質問内容】
□教員を志願する理由。
□目指す教師像。
□教員と児童が私的なやり取りをしていると知ったときの対応(双方への)。
□個別最適な授業をどう行うか→ICTの機能をどう使うか。

【場面指導】面接官4人　受験者1人

□物を整理することの大切さを小学5年生の学年集会で話すことをイメージして実演。

・1分考える時間→2分の実演。

□不登校児童への対応において，保護者と協力すべきと考える先生と，そうでないと考える先生両方の意見を聞いた後，職員会議でどのように発言するか。

▼小学校教諭　面接官4人　20分

【質問内容】

□教員志望理由。

□個別最適な学びのためにどんなことをするか。

□大学で授業作りのために頑張ったことは。

□ICTを使っていく上で，気を付けること，何をしたいか。

□児童と同僚の先生が私的なやり取りをしていた。あなたはどうするか。

【場面指導】

□地域の人が海岸掃除のお願い。

→A先生は学校行事で掃除を他にしているから難しい，B先生は地域の貢献のためにしたい。

→あなたは2人の先生の会話にどう入っていくか。

□あなたは5年生の学年集会で「時間を守る大切さ」について話すことになった。実際にどんなふうに話すか。

▼中学社会　面接官5人　10～15分

【質問内容】

□教員を志望した理由は何か。

□ICTはどんなことをしているのか。

□学年集会で「言葉づかい」について生徒に話しなさい。

□学年会議で先生の意見が違ったらどのように対応するか。

▼高校数学　面接官4人　15分

【質問内容】

□志望動機。

□宿題を忘れた子どもにどう指導するか。

□子どもたちと接するときに気を付けること。

□子どもたちから信頼されるために気を付けること。

□共同学習を授業でどのように進めるか。

→この後に，ICTを利用すると言ったがもっと具体的に，ICTを利用することによる注意点。

【場面指導】

□挨拶の大切さについて，高校2年生の学年集会で話すことになった。高校生の前で話すつもりで，2分程度で話しなさい。

→1分考える時間がある。

□修学旅行で同僚が長時間にわたり，生徒を立たせたまま叱責していた。それを見たあなたはどうするか。

□保護者から「子どもが夜更かしをしている。学校で指導してくれないか。」と相談があり，学年会を開くことになった。

→教師A「それは学校で指導するべきことではない。」，教師B「学校でできることを何か探しましょう。」この会話を受けてあなたは何を話すか。

・1分考える時間がある。

▼養護教諭

【質問内容】

□志望動機。

□自己肯定感をつけることが求められるがどのように取り組むか。

→その課題は何か。

□児童と関わる上で気を付けていること。

【場面指導】

□修学旅行で教員が長時間生徒を立たせたまま説諭しているが，どう対応するか。

□保護者から子どもが夜更かしして，朝起きられないと言われたことに対するA先生，B先生の意見に対し，あなたの意見を述べよ。

・1分考えて，1分で話す。

□学年集会で「あいさつすることの大切さ」について話しなさい。

・1分考えて2分で話す。

□小さな怪我を繰り返す子どもに対してどう対応するか。

2021年度

◆実技試験(1次試験)

※各評価の視点について，5段階で評価

▼中高英語・特別支援中学部及び高等部

【課題1】

□リスニング

対話文，説明文を聞いて内容を問うリスニングテスト

＜評価の視点＞

・概要や要点を聞き取る力

・聞き取った情報を基に書く力

【課題2】

□スピーキング

個人面接の形式によるスピーキングテスト(テーマは当日指定)

＜評価の視点>

・積極性

・内容

・表現力及び発音

▼中高家庭・特別支援中学部及び高等部

【課題1】
□被服製作(題材は当日指定)
【課題2】
□調理実技(題材は当日指定)
＜評価の視点＞
　課題1，2共通
・題材についての理解及び知識・技術
・製作品の完成度
・実技に対する心構えや姿勢
※携行品：調理に関する実技のできる服装

▼中高技術・特別支援中学部及び高等部
　「技術とものづくり」についての実技
　題材：簡単な日用品の製作(テーマは当日指定)
【課題1】
□製作品の設計
＜評価の視点＞
・製作品の機能性及びアイデア性
・材料の有効活用
【課題2】
□製作品の部品加工及び組立て
＜評価の視点＞
・加工の技術・作業の正確さ
・安全への配慮
・製作品の正確さ及び完成度
・実技に対する心構えや姿勢
※携行品：技術実技のできる服装及びシューズ

▼中高音楽・特別支援中学部及び高等部
【課題1】

□次のいずれかによる任意の楽曲の独奏
○ピアノ
○声楽
○その他の楽器(電子楽器を除く。)
＜評価の視点＞
・表現力及び技術力
【課題2】
□次の3曲の中から1曲を，ピアノ伴奏(曲は当日指定)
○「赤とんぼ」　作詞：三木露風　作曲：山田耕筰
○「花の街」　作詞：江間章子　作曲：團伊玖磨
○「サンタルチア」　ナポリ民謡
＜評価の視点＞
・伴奏力
【課題3】
□次の合唱教材を歌いながらの指揮
(演奏のポイントの簡単な説明を含む。)
○「夏の思い出」　作詞：江間章子　作曲：中田喜直
＜評価の視点＞
・指導力及び技術力，歌唱力
※携行品：音楽実技に必要な楽器(ピアノ以外)及び楽譜

▼中高保体・特別支援中学部及び高等部
【課題】
□陸上競技
　ハードル走(ハードリング)
□球技
　バスケットボール(ボール操作)
□武道
　剣道(体さばき，竹刀操作)
□ダンス

現代的なリズムのダンス(曲は当日指定)
<評価の視点>
・領域に対する知識及び技能
・運動に対する心構えや姿勢
※携行品：体育実技のできる服装及びシューズ(体育館のみで使用するもの)

▼中高美術・特別支援中学部及び高等部
「生徒に示す参考作品」の制作
【課題1】
□表現分野は「平面又は立体」(題材は当日指定)
<評価の視点>
・発想や構想の能力
・創造的な技能
【課題2】
□主題設定の理由及び指導上の留意点についての説明
<評価の視点>
・題材に対する知識及び理解
・指導上の留意点の理解
※携行品：2Bの鉛筆，カッターナイフ

▼中高書道・特別支援中学部及び高等部
【課題1】
□漢字仮名交じりの書(実用書を含む)
<評価の視点>
・書表現の構想と工夫，目的に応じた表現の技能
【課題2】
□漢字の書
<評価の視点>
・古典に基づく基本的な用筆・運筆の技法と表現の工夫

【課題3】
□仮名の書
<評価の視点>
・仮名の書の基本的な用筆・運筆の技法と表現の工夫
※携行品：書道実技のできる服装，筆(大筆，小筆)，墨(すった墨または墨汁)，硯，下敷(半紙と半切が使用できる大きさ)，文鎮，水差し，筆記用具(鉛筆，消しゴム，定規等)
※字典や参考書類の持ち込みは禁止します。

▼養護教諭
【課題】
□救急法等養護に関する実技(テーマは当日指定)
<評価の視点>
・疾患等の知識・理解を基にした観察力，判断力及び対応力
・保健指導等の実践力
※携行品：養護に関する実技のできる服装及びシューズ

▼養護教諭　時間10分　試験官3人
【課題】
□ガラスで指を切った生徒に対して直接圧迫法を行いなさい(自分の指を使って)。また，流血した血管の名前を答えなさい。
□インフルエンザの疑いがある中学生に対して対応しなさい。
・テーマを出され30秒で読み，1分で考える。メモはOK。

▼養護教諭　時間約6分
【課題1：応急処置】
□「小学3年生男子生徒の右手人差し指(右前腕の人もいた)にガラスが刺さり，出血。」
・自分の体で間接圧迫止血をして，最期に止血点を問われた。

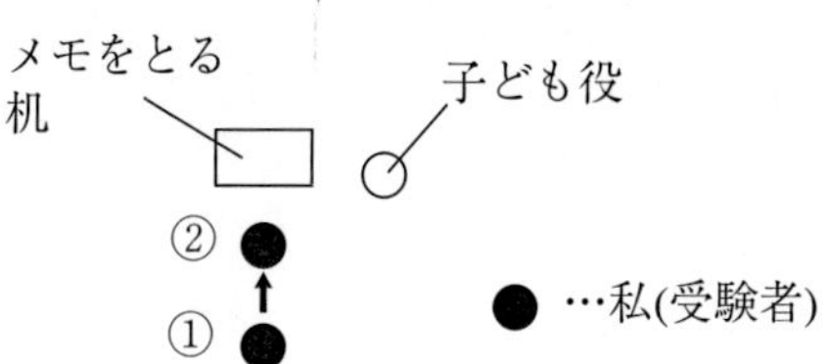

【課題2：保健指導】

□「インフルエンザの症状を疑う中学1年生の山口さんに対する指導。関節痛あり。」

・2分メモをする時間があり，その後2分で実技を行う。コロナ対策で距離があり，触れることができないが，応答あり。体温計をわたすとうけとる素振りがあった。

◆適性検査(2次試験)　50分

▼全校種

【検査内容】

□内田クレペリン検査

・数字を足していくもの。途中休憩あり (席は立たないが)。

◆実技(2次試験)

※各評価の視点について，5段階で評価

▼小学校・特別支援小学部

【課題・体育】

□ボール運動(ドッジボールを使用)

①　ドリブル　②　キャッチボール

□体つくり運動(短なわを使用)

二重跳びを含む3種類以上の跳び方

＜評価の視点＞

・領域に対する知識及び技能
・運動に対する心構えや姿勢
※携行品：体育実技のできる服装及びシューズ(体育館のみで使用するもの)，短なわ(なわ跳び用)

【課題・音楽】 試験官2人
□次のいずれかによる任意の楽曲の独奏
○電子ピアノ
○声楽
○その他の楽器(電子楽器を除く。)
＜評価の視点＞
・表現力及び技術力
※携行品：音楽実技に必要な楽器(電子ピアノ以外)及び楽譜

▼小学校教諭
【課題・体育】 5～6人くらいで1グループ
□なわとび(2重とびを必ず含む3種類) 30秒
→はじめの10秒は2重とび。残りの20秒で2種類。
□ボール運動(ドリブル，キャッチボール)
・試験官は5～6人くらい。

【課題・音楽】
□音楽実技(本来は弾き語りと自由曲の2曲演奏)
・今回は弾き語りがなかった。
・自由曲演奏は2～3分程度。
・1人ずつ演奏。
・試験官は2人。

◆個人面接　時間15～25分

※各評価の視点について，5段階で評価

<評価の視点>

・教育的愛情，教育に対する情熱・意欲，教育観，人権意識，倫理観，表現力，創造力，指導力，社会性，積極性，協調性等

▼小学校教諭　面接官4人

【質問内容】

□場面指導的な質問が多いため対策は重点的に行うべき。

・主に4人中2人の方から質問をされた。

▼中学国語　面接官4人(男性)　約20分(場面指導と合わせて)

個人面接と場面指導は一緒に行われる。

【質問内容】

□志望理由

・毎年聞かれることなので自分で考えてまとめておくと安心して臨むことができる。個人面接も場面指導も面接官の方はうなずいたり，笑顔で聞いてくれたりととても話しやすい雰囲気だった。マスクもあり，聞き返したり質問したりしても問題なく，遠慮しないでよいと言われた。

・模擬授業がコロナのためなくなり，その代わりとして個人面接の中で「中学2年生の学年集会で他人への思いやりの大切さを話す(2分程度)」という課題が出された。1分間考える時間がもらえた。

【場面指導】 面接官4人(男性3人，女性1人)　受験者1人

□物隠しがあった(教科書がなくなった)と保護者から連絡があったときどうするか。

□同僚の教員が私用のスマホで生徒の様子を撮影していたとき，どうするか。

□自分と馬が合わない生徒に対してどうするか。

▼中学数学　面接官4人

・昨年は面接官3人(男性2人・女性1人)だったが，今年は面接官4人(男性4人)だった。

【質問内容】

□受験番号を教えてください (受験票は持ち物置き場に置いておくため，受験番号は覚えておく必要がある。名前は名乗らない。)。

□志願理由を教えてください。

□保護者から「SNS上に子どもの悪口が書かれている。」と電話がありました。どのように対応しますか。

→悪口を書いたのがあなたの学級の生徒だった場合，どのように対応しますか。

→その後，SNS上のいじめをなくすために，どのような学級経営を行いますか。

□運動会で同僚の教師が許可なく生徒の写真や動画を自分のスマートフォンで撮影していました。あなたはどのように対応しますか。

→声をかける以外にどのような対応が考えられますか。

□情報活用能力を育成するために，授業の中でどのような取り組みを行いますか。

→家庭や地域と連携することでどのような取り組みが考えられますか。

→その際，家庭や地域と連携する上での課題は何ですか。

→その課題の解決策は何ですか。

□職場体験学習やインターンシップを行う中で，どのようなことを重視して指導しますか。

→具体的にどのように指導しますか。

→その際，子どもたちに最も身に付けさせたい力は何ですか。

□学年集会で「互いに思いやることの大切さ」について2分間話すことを想定して，実際に話してください。1分間考える時間を与えます (面接官がストップウォッチで時間をはかる。)。

・出題形式に変化があった。追加質問が多かった。模擬授業が新型コロナウイルスの影響で中止となったためか，個人面接の中にロールプレイングが加わった(予告はなかった。)。その分，時間は去年より長かった。

・当日，雷がひどく，停電になったり，非常ベルが鳴ったりしたが，予定通り行われた。

▼高校政経　面接官4人

【質問内容】

□教師を志した理由

□地域の人々から信頼を得る方法

□宿題をしない子への対応

□文化祭指導で気をつけたいこと

□スマホを授業中にいじっていた生徒への対応

□服装が乱れている生徒への対応

○…………………私(受験者)

▼養護教諭　面接官4人

【質問内容】

□志望動機

□保護者が「うちの子どもがSNSで悪口を書き込まれている。」と報告してきた時の対応。

→子どもへの対応。書き込みをしたと報告してきた子への対応。

□人間関係があなたとうまくいっていない先生と委員会活動をする時の注意点。

→役割分担をするか。

□先生が生徒に暴言をはいているところに遭遇。どう対応するか。

→先生とのこれからの関係。子どもへの対応。管理職への報告の仕方の注意点。

□コミュニケーション能力を育てるために何をするか。

□伏せている子がいると担任から相談を受けた時どうするか。

・キャリア教育についてどのように指導するか。

・中学2年生の学年集会でルールを守る大切さを教えてください(1分で考えて，2分で話す。)。

2020年度

◆実技試験(1次試験)

※各評価の視点について，5段階で評価

▼中高英語・特別支援中学部及び高等部英語

【課題1】

□リスニング

対話文，説明文を聞いて内容を問うリスニングテスト

＜評価の視点＞

・概要や要点を聞き取る力

・聞き取った情報を基に書く力

【課題2】

□スピーキング

グループディスカッションによるスピーキングテスト(テーマは当日指定)

＜評価の視点＞

・積極性

・内容

・表現力及び発音

▼中高家庭・特別支援中学部及び高等部家庭

【課題1】

□被服製作(題材は当日指定)

【課題2】
□調理実技(題材は当日指定)
＜評価の視点＞
課題1，2共通
・題材についての理解及び知識・技術
・製作品の完成度
・実技に対する心構えや姿勢
※携行品：調理に関する実技のできる服装

▼中学技術・特別支援中学部技術
「技術とものづくり」についての実技
題材：簡単な日用品の製作(テーマは当日指定)
【課題1】
□製作品の設計
＜評価の視点＞
・製作品の機能性及びアイデア性
・材料の有効活用
【課題2】
□製作品の部品加工及び組立て
＜評価の視点＞
・加工の技術・作業の正確さ
・安全への配慮
・製作品の正確さ及び完成度
・実技に対する心構えや姿勢
※携行品：技術実技のできる服装及びシューズ

▼中高音楽・特別支援中学部及び高等部音楽
【課題1】
□次のいずれかによる任意の楽曲の演奏(独奏曲に限る。)
○ピアノ

○声楽
○その他の楽器(電子楽器を除く。)
<評価の視点>
・表現力及び技術力
【課題2】
□次の3曲の中から1曲を，ピアノ伴奏をつけての歌唱(曲は当日指定)
○「浜辺の歌」　作詞：林古溪　作曲：成田為三
○「早春賦」　作詞：吉丸一昌　作曲：中田章
○「帰れソレントへ」　作詞：G. B. デ・クルティス　作曲：E. デ・クルティス
※原語・訳詞いずれも可
<評価の視点>
・歌唱力及び伴奏力
【課題3】
□次の合唱教材を歌いながらの指揮
(演奏のポイントの簡単な説明を含む。)
○「花」　作詞：武島羽衣　作曲：滝廉太郎
<評価の視点>
・指導力及び技術力
※携行品：音楽実技に必要な楽器(ピアノ以外)及び楽譜

▼中高保体・特別支援中学部及び高等部保体
【課題】
□器械運動
マット運動(倒立前転を含む4種類の連続技)
□陸上競技
ハードル走(ハードリング)
□球技
バレーボール(ボール操作)
□武道

柔道(受け身，投げ技)
□ダンス
現代的なリズムのダンス(曲は当日指定)
＜評価の視点＞
・領域に対する知識及び技能
・運動に対する心構えや姿勢
※携行品：体育実技のできる服装及びシューズ(体育館用)，柔道着(上着，帯)

▼中高美術・特別支援中学部及び高等部美術
「生徒に示す参考作品」の制作
【課題1】
□表現分野は「平面又は立体」(題材は当日指定)
＜評価の視点＞
・発想や構想の能力
・創造的な技能
【課題2】
□主題設定の理由及び指導上の留意点についての説明
＜評価の視点＞
・題材に対する知識及び理解
・指導上の留意点の理解
※携行品：2Bの鉛筆，カッターナイフ

▼高校書道・特別支援高等部書道
【課題1】
□漢字の書の臨書(半紙・画仙紙半切)
＜評価の視点＞
・古典に基づく基本的な用筆・運筆の技法
【課題2】
□漢字の書の創作(色紙)

＜評価の視点＞

・表現型式に応じた創造的な表現の技法

【課題3】

□仮名の書の創作(半紙)

＜評価の視点＞

・仮名の書の基本的な用筆・運筆の技法と表現の工夫

【課題4】

□漢字仮名交じりの書の創作(画仙紙半切1／2)

＜評価の視点＞

・書表現の構想と工夫，創造的な表現の技能

※携行品：書道実技のできる服装，書道用具一式

▼養護教諭

【課題】

□救急法等養護に関する実技(テーマは当日指定)

＜評価の視点＞

・疾患等の知識・理解を基にした観察力，判断力及び対応力

・保健指導等の実践力

※携行品：養護に関する実技のできる服装及びシューズ

▼養護教諭　時間10分　試験官2人(1人は生徒役)

【課題】

□AEDの使い方(人工呼吸省く)

□たばこに興味をもって来室してきた生徒への指導

◆集団面接(討議)(1次試験)

※各評価の視点について，5段階で評価

＜評価の視点＞

・表現力，判断力，社会性，積極性，協調性等

【討議の課題】

(A)グループ

□子どもたちの自己肯定感・自己有用感を高めるために，私たちはどのようなことに心がけたらよいか，みなさんで話し合ってください。

(B)グループ

□子どもたちが自ら課題を見つけ解決する力を身に付けるために，私たちはどのようなことに心がけたらよいか，みなさんで話し合ってください。

(C)グループ

□子どもたちが新たなものに進んで挑戦する態度を養うために，私たちはどのようなことに心がけたらよいか，みなさんで話し合ってください。

(D)グループ

□子どもたちが積極的に地域や社会に貢献する態度を養うために，私たちはどのようなことに心がけたらよいか，みなさんで話し合ってください。

(E)グループ

□子どもたちが互いに理解し協力し合う態度を養うために，私たちはどのようなことに心がけたらよいか，みなさんで話し合ってください。

▼小学校教諭　時間75分　面接官3人　受験者7人

・保護者，教師，地域の人の立場から考える。

・面接官3人が回りながら見てくる。

・円卓。

・司会は立てても立てなくてもよい。

・自分の考えを討論前に述べる(2分。時間になったら途中でも止められる)。

▼中学理科

・集団討論やグループワークでは，講師を経験された方が圧倒的に強かったが，新人なりに明るく元気に頑張った。
・「皆さんはどうですか？」「～はどうでしょう？」といった提案をして皆で話し合いをつくるよう心がけた。
・大学生の自分がいくら頑張っても，経験されている方に比べたらまだまだ自分は井の中の蛙だな…と思った。

▼養護教諭　時間50分　面接官3人　受験者6人
・課題について各自で考える(5分くらい)。メモ紙あり。
・くじで順番を決め，2分以内で自分の考えを述べる。
・40分間，グループ内で自由討論。

◆適性検査(2次試験)
▼小学校教諭　2，3回
【検査内容】
□クレペリン検査
・ひたすら計算する(たし算)。例えば7＋6　□←ここに書く。7＋6＝13→3を書く。何分か計算して休憩があり，再度行った。
※シャープペンシルは使用できない。

◆集団面接(2次試験)
※模擬授業及び討議を行う。
※各評価の視点について，5段階で評価
＜評価の視点＞
・教育的愛情，教育に対する情熱・意欲，教育観，人権意識，倫理観，表現力，創造力，指導力，社会性，積極性，協調性等
▼教諭

【模擬授業の主題及び討議の課題】
Aグループ
○模擬授業の主題：「感謝することの大切さ」
○討議の課題：このグループで協力して，小学校5年生(中学校2年生，高校2年生)の子どもたちに「感謝することの大切さ」について考えを深めさせる1時間の授業を立案することとします。どのような授業にするか討議してください。
Bグループ
○模擬授業の主題：「地域や社会と関わることの大切さ」
○討議の課題：このグループで協力して，小学校5年生(中学校2年生，高校2年生)の子どもたちに「地域や社会と関わることの大切さ」について考えを深めさせる1時間の授業を立案することとします。どのような授業にするか討議してください。
Cグループ
○模擬授業の主題：「集団で活動することの大切さ」
○討議の課題：このグループで協力して，小学校 5年生(中学校2年生，高校2年生)の子どもたちに，「集団で活動することの大切さ」について考えを深めさせる1時間の授業を立案することとします。どのような授業にするか討議してください。

▼養護教諭
【模擬授業の主題及び討議の課題】
Aグループ
○模擬授業の主題：「心の健康づくり」
○討議の課題：このグループで協力して，中学校2年生の子どもたちに，「心の健康づくり」について考えを深めさせる1時間の授業を立案することとします。どのような授業にするか，討議してください。
Bグループ
○模擬授業の主題：「けがの防止」
○討議の課題：このグループで協力して，中学校2年生の子どもたちに，「けがの防止」について考えを深めさせる1時間の授業を立案することとします。どのような授業にするか討議してください。

Cグループ

○模擬授業の主題：「運動習慣の大切さ」

○討議の課題：このグループで協力して，中学校2年生の子どもたちに，「運動習慣の大切さ」について考えを深めさせる1時間の授業を立案することとします。どのような授業にするか討議してください。

▼小学校教諭　面接官3人　受験者5人

【テーマ】

□集団で活動することの大切さ

・模擬授業＋集団討論。

・メモ用紙あり(課題が書かれた紙)→構想→メモ用紙回収される→発表時(模擬授業時)に渡される。

・めあてまで立てて大体皆時間になっていた。

・課題が書かれた紙は持ち帰り不可。

・めあてを囲む定規なし。

・あらかじめグループの人たちと打ち合わせをしておくとスムーズに行える。

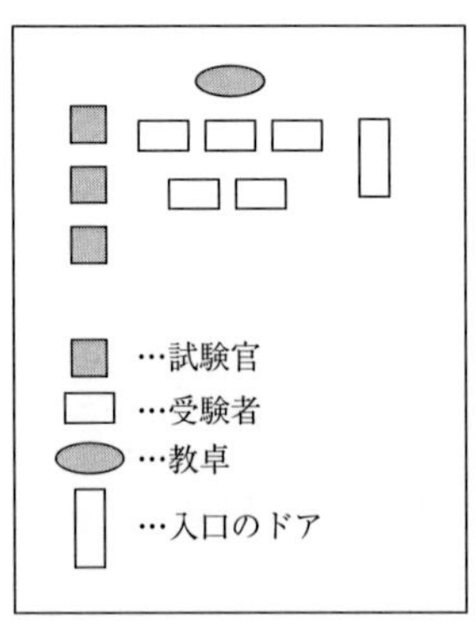

▼中学理科

【テーマ】

□感謝することの大切さ

○模擬授業

・1人5分，6人で順に(くじで決める)行う。

・当てるのはあり(番号で呼ぶ)，教材もある設定で行う。

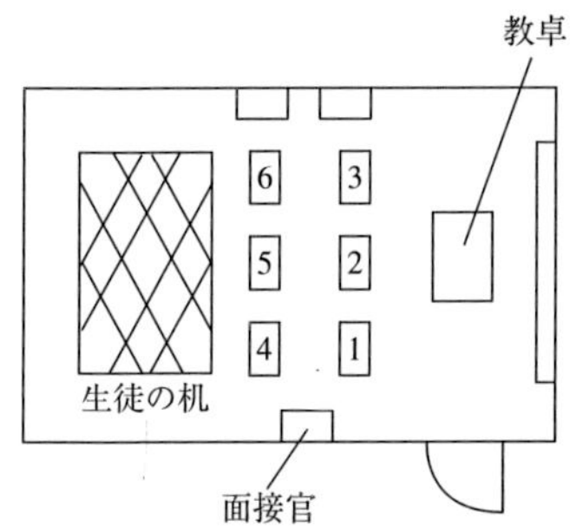

○集団討論

・同じテーマで30分授業をつくるための集団討論

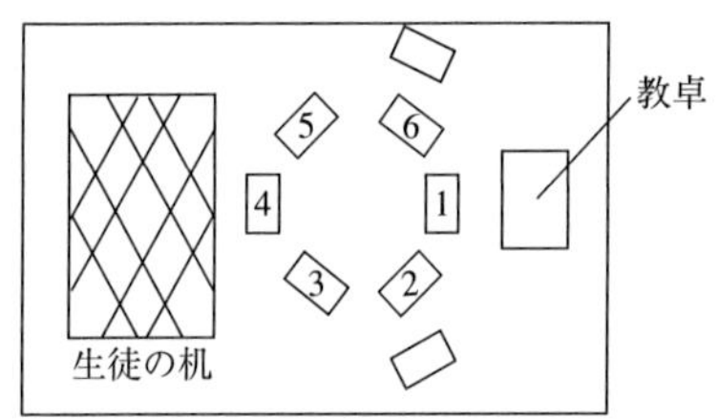

◆実技(2次試験)

※各評価の視点について，5段階で評価

▼小学校・特別支援小学部

【課題・体育】

□陸上運動

　ハードル走

□器械運動

マット運動(後転を含む3種目の組み合わせ)
□ボール運動(ドッジボールを使用)
①ドリブル　②キャッチボール
□体つくり運動(短なわを使用)
二重跳びを含む3種類以上の跳び方
＜評価の視点＞
・領域に対する知識及び技能
・運動に対する心構えや姿勢
※携行品：体育実技のできる服装及びシューズ(体育館用)，短なわ(なわ跳び用)

【課題・音楽】　試験官2人
□次の小学校の共通教材3曲の中から，当日自ら1曲を選択し，簡単なピアノ伴奏をつけての歌唱
○「とんび」　作詞：葛原しげる　作曲：梁田　貞
○「春の小川」　文部省唱歌　作詞：高野辰之　作曲：岡野貞一
○「ふるさと」　文部省唱歌　作詞：高野辰之　作曲：岡野貞一
＜評価の視点＞
・歌唱力及び伴奏力
□次のいずれかによる任意の楽曲の演奏(独奏曲に限る。)
○電子ピアノ
○声楽
○その他の楽器(電子楽器を除く。)
＜評価の視点＞
・表現力及び技術力
※携行品：音楽実技に必要な楽器(電子ピアノ以外)及び楽譜

▼小学校教諭
【課題・体育】
□なわとび：(60s)20s＋20s＋20s　二重跳びは必ず入れる(練習あり)

□ハードル：5m，7mの2種類あり(練習あり)
□マット：2回行う(練習あり)
□バスケットボール：キャッチボール，ドリブル(練習あり)
・実技で自分の名前を述べる際には大きな声で。
【課題・音楽】
□「春の小川」「ふるさと」「とんび」の中から自分で1曲選択して弾き語り(電子ピアノ)
□自由曲の演奏(時間制限あり)。
・試験官は2人。
・音楽は弾けなくて歌うだけの人がいた(課題曲)がその人も受かっていた。

◆個人面接　時間20分
※各評価の視点について，5段階で評価
＜評価の視点＞
・教育的愛情，教育に対する情熱・意欲，教育観，人権意識，倫理観，表現力，創造力，指導力，社会性，積極性，協調性等
▼小学校教諭　面接官3人
【質問内容】
□人権教育とは？　人権尊重の精神とは？
□幅広いコミュニケーション力とは？
→それについてどう取り組むか。
□教員の体罰や暴言がなくならない理由と取り組みたいこと。
□志願理由。
□教員になるために頑張ったこと。
□豊かな人間性のある教員になるためにどうするか。
□音に敏感な子がいたときどう対応するか。
□自分の長所は？
→どう生かせる？

□いじめをみたときどう対応するか。
　→「私は大丈夫。遊び」といった場合。
【場面指導】
□個人面接の質問内容で聞かれた。
・個人面接の内容は前日の人達と被っているところ多少あり(2日に分かれているため)。

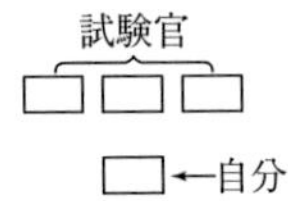

▼中学理科
【質問内容】
□教師を志望する理由。
□授業中騒ぐ生徒に対してどう対応するか。
□喧嘩対応後，保護者からどうしてうちの子をひどく叱るのか？との電話があったときの対応。
□生徒のけがを見つけたらどうするか。
□共感的に理解するとは。
　→さらに内容に対して
□体罰についてどう思うか。
□授業中スマホをいじっている生徒に対してどう対応するか。
□学校に生徒がスマホを持ち込むことに，どう対処するか。
□板書を書こうとしない子どもにどう対応するか。
□掲示物が破れていた場合の対応。

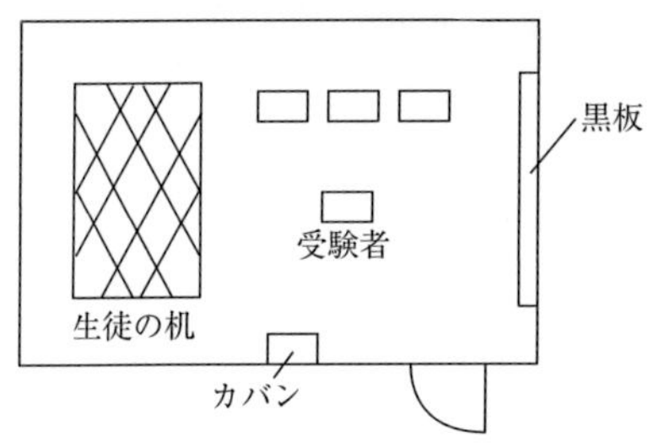

2019年度

◆実技試験(1次試験)

※各評価の視点について，5段階で評価

▼中高英語・特別支援中学部及び高等部

【課題1】

□リスニング

対話文，説明文を聞いて内容を問うリスニングテスト

＜評価の視点＞

・概要や要点を聞き取る力

・聞き取った情報を基に書く力

【課題2】

□スピーキング

グループディスカッションによるスピーキングテスト(テーマは当日指定)

＜評価の視点＞

・積極性

・内容

・表現力及び発音

▼中高音楽・特別支援中学部及び高等部

【課題1】

□次のいずれかによる任意の楽曲の演奏(独奏曲に限る)。
ピアノ
声楽
その他の楽器(電子楽器を除く。)
<評価の視点>
・表現力及び技術力
□次の3曲の中から1曲を，ピアノ伴奏をつけての歌唱(曲は当日指定)
「赤とんぼ」作詞：三木露風　作曲：山田耕筰
「荒城の月」作詞：土井晩翠　作曲：滝廉太郎
「サンタルチア」ナポリ民謡　※原語・訳詞いずれも可
<評価の視点>
・歌唱力及び伴奏力
□次の合唱教材を歌いながらの指揮
(演奏のポイントの簡単な説明を含む。)
「夏の思い出」作詞：江間章子　作曲：中田喜直
<評価の視点>
・指導力及び技術力
<携行品>
・音楽実技に必要な楽器(ピアノ以外)及び楽譜

▼中学美術・特別支援中学部美術
※「生徒に示す参考作品」の制作
【課題1】
□表現分野は「平面又は立体」(題材は当日指定)
<評価の視点>
・発想や構想の能力
・創造的な技能
【課題2】
□主題設定の理由及び指導上の留意点の説明
<評価の視点>

・題材に対する知識及び理解
・指導上の留意点の理解
＜携行品＞
・絵画鉛筆，カッターナイフ

▼中高保体・特別支援中学部及び高等部保体
【課題1】
□器械運動
　マット運動(倒立前転を含む4種類の連続技)
□陸上競技
　ハードル走(ハードリング)
□球技
　ソフトボール(捕球・送球，バット操作)
□武道
　柔道(受け身，投げ技)
□ダンス
　現代的なリズムのダンス(曲は当日指定)
＜評価の視点＞
・領域に対する知識及び技能
・運動に対する心構えや姿勢
＜携行品＞
・体育実技のできる服装及びシューズ(体育館用)，柔道着(上着，帯)

▼中学技術・特別支援中学部技術
※「技術とものづくり」についての実技
※題材：簡単な日用品の製作(テーマは当日指定)
【課題1】
□製作品の設計
＜評価の視点＞
・製作品の機能性及びアイデア性

・材料の有効活用

【課題2】

□製作品の部品加工及び組立て

<評価の視点>

・加工の技術・作業の正確さ

・安全への配慮

・製作品の正確さ及び完成度

・実技に対する心構えや姿勢

<携行品>

・実習のできる服装及びシューズ

▼中高家庭・特別支援中学部及び高等部家庭

※家庭に関する実技

【課題1】

□被服製作(題材は当日指定)

【課題2】

□調理実習(題材は当日指定)

<評価の視点>

・題材についての理解及び知識・技術

・製作品の完成度

・実技に対する心構えや姿勢

<携行品>

・調理に関する実技のできる服装

▼養護教諭

※救急法等養護に関する実技(テーマは当日指定)

<評価の視点>

・疾患等の知識・理解を基にした観察力，判断力及び対応力

・保健指導等の実践力

<携行品>

・養護に関する実技のできる服装及びシューズ

▼養護教諭　試験官4人　受験者6人　時間5分

【課題1：応急処置】

□「小学校3年生の山口さん。左前腕をすりむいて保健室に来室。三角巾を使って手当しなさい。洗浄は済んでいる。消毒は行わない。」

・課題は30秒で読み，回収される。その後2分間で実施。けがをしている箇所に赤いシールが貼られていた。試験官のひとりが児童役で，教室中央に置いてある椅子に座っており，ゴザが敷かれていた。ゴザの上には靴のまま上がる。その横には机があり，物品はその机上に置いて実施。また，廊下側にも机があり，その上にバットが2つ置かれていた。空のバットと，もう一つのバットにはセッシ入れに入ったセッシ2本，その他に滅菌ガーゼ，固定テープ，三角巾が1つずつ入っていた。バットの外側には，滅菌ガーゼが何枚か入ったタッパーが置いてあった。児童役の男性は，話しかけると返答あり。

【課題2：保健指導】

□「中学1年生の山口さん。気分が悪いとのことで保健室に来室。熱中症の疑いがあるとして，熱中症について保健指導しなさい。」

・課題は30秒で読む。課題が書かれた紙の下部は空欄になっており，2分間で話したいことをメモする。そのメモを見ながら2分間で実施。児童役の男性は課題1と同じだった。

◆個人面接(1次試験)

※スポーツ・芸術特別選考，看護科・理療科教諭特別選考で実施。

【課題】

□口述試験

・教職専門(教育法規，生徒指導等)

・志願教科(科目等)と同一教科(科目等)等

＜評価の視点＞

・教員として必要な教職専門分野の知識及び理解
・試験内容の指導に必要な専門的知識，理解及び技能(経験や専門性と教育への関わりについても含む。)
・教員としての適性や教育への意欲等

◆集団討論(1次試験)
＜評価の視点＞
・表現力，判断力，社会性，積極性，協調性等
▼全校種　面接官3人　受験者5～7人　時間40分～50分
【テーマ】
□子どもたちがよりよい人間関係を築くために，私たちはどのように心がけるか。
□子どもたちが心身の健康に関心をもち，たくましく成長するために，私たちはどのように心がけるか。
□子どもたちに当事者意識を持っていじめ問題と向き合わせるには，どうすればよいか。また，いじめが起こらないようにするためには，どうすればよいと考えるか

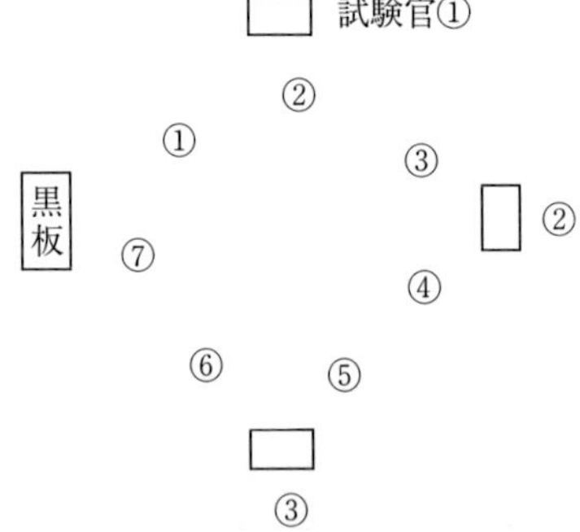

・流れとしては，テーマに対して自分の考えをまとめる時間が5分→くじを引いて発表番号を決める→1人2分以内で自分の考えを述べる→40分間討論。

・司会，記録等の役割を決める必要はない。司会者を立てるグループもあったし，立てずにやっているグループもあった。
・6人で円を作るような席の配置。円の周りに三角形のような形で3点に面接官が取り囲み，討論中3回面接官が動いて位置を移動していた。
・面接官は時折メモを取りながら発言者の方を向いていた。
・教師としての視点のみならず，保護者や社会人としての意見を踏まえての討論だった。
・当日は早めにグループメンバー全員で控室に集まり，自己紹介などをして打ち解けるようにしておいた。討論中は沈黙が数回あったが，バランスよく全員が発言でき，討議のまとめをして終了となった。
・グループの結論を発表することはないが，発表を想定して討論を行うよう指示がある。

◆適性検査(2次試験) 時間50分

▼全校種

【検査内容】

□クレペリン検査

・5＋6であれば，1の位を5と6の間に書く試験。

例：5・6・8・2・6・6
　　1　4　0　8　2

・5分程度の休憩をはさみ，2回行う。
・指示はすべて放送で行う。

◆集団面接(2次試験)

※模擬授業及び討議を行う。

＜評価の視点＞

・教育的愛情，教育に対する情熱・意欲，教育観，人権意識，倫理観，

表現力，創造力，指導力，社会性，積極性，協調性等
▼小中高・特別支援小中高
【テーマ】
［Aグループ］
□模擬授業の主題：「自ら考え行動することの大切さ」
○討議の課題

このグループで協力して，小学校5年生(中学校2年生，高校2年生)の子どもたちに，「自ら考え行動することの大切さ」について考えを深めさせる1時間の授業を立案することとします。どのような授業にするか討議してください。.

［Bグループ］
□模擬授業の主題：「生命を尊重し，自他の生命を守ることの大切さ」
○討議の課題

このグループで協力して，小学校5年生(中学校2年生，高校2年生)の子どもたちに，「生命を尊重し，自他の生命を守ることの大切さ」について考えを深めさせる1時間の授業を立案することとします。どのような授業にするか討議してください。

［Cグループ］
□模擬授業の主題：「規則正しい生活習慣を身に付けることの大切さ」
○討議の課題

このグループで協力して，小学校5年生(中学校2年生，高校2年生)の子どもたちに，「規則正しい生活習慣を身に付けることの大切さ」について考えを深めさせる1時間の授業を立案することとします。どのような授業にするか討議してください。

▼小学校　面接官3人　受験者6人　80分
【テーマ】
□自ら考え行動するために大切なことは何か。
□生活習慣を身に付けるための授業作りをしてください。
・構想は15分，受験者1人が冒頭5分の模擬授業を行い，残りは児童，

生徒役を行う。
・順番はくじで決まる。

▼中学数学　　面接官3人　受験者5～7人　30分
【テーマ】
□いのちの大切さについて50分の授業をつくってください。
・模擬授業を行ったあとでテーマに沿った討論。最終的に結論が出なくてもよい。
・構想に使用した紙は回収され，授業時には返却される。

▼高等学校　面接官4人　受験者6人　90分
【テーマ】
□生命を尊重し，自他の生命を守る大切さについて考えを深める50分の学級活動(LHR)の時間を考えなさい。
・15分間授業構想。指導案は作成しない。
・受験者全員の模擬授業が終わると，集団討論を行う。模擬授業の課題をグループで協力して構想する。
・グループでの授業を発表することはない。

▼養護教諭・栄養教諭
【テーマ】
[Aグループ] 養護教諭・栄養教諭
□模擬授業の主題：「無理なダイエットの危険性」
○討議の課題
　このグループで協力して，中学校2年生の子どもたちに，「無理なダイエットの危険性」について考えを深めさせる1時間の授業を立案することとします。どのような授業にするか討議してください。
[Bグループ] 養護教諭
□模擬授業の主題：「感染症の予防」
○討議の課題

このグループで協力して，中学校2年生の子どもたちに，「感染症の予防」について考えを深めさせる1時間の授業を立案することとします。どのような授業にするか討議してください。

［Cグループ］養護教諭

□模擬授業の主題：「熱中症の予防と応急処置」

○討議の課題

このグループで協力して，中学校2年生の子どもたちに，「熱中症の予防と応急処置」について考えを深めさせる1時間の授業を立案することとします。どのような授業にするか討議してください。

＜評価の視点＞

・教育的愛情，教育に対する情熱・意欲，教育観，人権意識，倫理観，表現力，創造力，指導力，社会性，積極性，協調性等

▼養護教諭　面接官3人　受験生6人　時間80分

【テーマ】

□感染症の予防

・円形に机がセッティングされてある

・流れは受験番号が早い順に1～6番の席に着く→構想15分→用紙は回収→1番から順にくじを引いて授業の順番決め→用紙が返却され，対象校種・学年を述べて模擬授業5分ずつ実施(発表者以外は児童生徒役)，終わったら用紙は再度回収→中学2年生対象に1時間の授業の指導案を作成するというテーマで30分間討議を実施する。討議中，試験官は円を囲むように三点に散らばって着席しており，ある時間がきたら席をずらしていくことで，三箇所から討議の様子を確認していた。

・黒板は使用してよいと説明があった。試験官は終始温かく見守るような態度で，模擬授業が終わるごとに拍手をしていた。授業の開始時には「気を付け，礼」と号令をかけてもらえる。

◆個人面接

▼小中高・特別支援小中高　面接官3人　時間15～20分

【質問内容】

□教員を志望した理由。

□教師の資質能力を高めるためにどうすればよいか。

□地域から信頼される教員になるために，心がけることはなにか。

□ふるさとに愛着を持つ子どもを育てるために，どのような取組をするか。

□保護者との信頼関係を築くためにはどうすればよいか。

□保護者から「自分の子どもがいじめられている」と電話があったとき，担任としてどう対応するか。

□忘れ物が多い子どもへの指導。

□金銭を使うことで友人関係を築いている子どもにどう対応するか。

□グループワークをしたくない生徒への対応。

□社会科見学で訪れた工場で，児童が物を壊してしまった際の指導・対応。

□主体的な学びの推進に向けて取り組むこと(深く話して)。

□月曜日だけ遅刻してくる子への対応

□大学で頑張ったことは何か。どんな教師に憧れるか。

・毎年，全受験者に共通して質問していると思われる事項が1つあり，今年は「教員を志望する理由」だった。その返答のなかで教育実習での経験について触れたところ「教育実習での授業づくりにおいて心がけたことは何か」と追質問があった。他は全て場面指導の質問だった。

・面接官が交代で質問してくる。1人5分～6分，3問ずつ程度。

・受験者の回答に対して「もう少し具体的に話せませんか」「他にすることはありませんか」といった追質問がある。

▼養護教諭　面接官3人　時間20分

【質問内容】

□あなたはなぜ，養護教諭になりたいのか。
□あなたの目指す養護教諭像。
□地域や保護者から信頼されるようになるためにはどうすればよいか。
□自分の故郷に愛着を持たせるためにはどうしたらよいか。
□スーパーで買い物中に，あなたの学校の生徒が店の備品を壊しているところを目撃した。あなたはどうするか。
□「友達とコミュニケーションをうまく取れない」と訴える子どもに，どう対応するか。
□手首に包帯を巻いている生徒がおり，理由を聞いても話してくれない。あなたならどうするか。
□「毎週月曜日の朝，必ず遅刻してくる子どもがいる」と担任から相談があった。あなたならどうするか。
□学級活動などの集会で，ほかの子どもの発言を遮ったり，大声を出す子どもがいるが，あなたならどうするか。
□「うちの子は毎晩遅くまでゲームをしていて寝るのが遅いんです」と保護者からの訴えに，あなたならどうするか。
・場面指導的な質問が大半だった。

◆実技試験(2次試験)
▼小学校・特別支援小学部
【課題：体育】
□陸上運動
ハードル走
□器械運動
マット運動(後転を含む3種目の組み合わせ)
□ボール運動(ドッジボールを使用)
①ドリブル　②キャッチボール
□体つくり運動(短なわを使用)

　二重跳びを含む3種類以上の跳び方
＜評価の視点＞
・領域に対する知識及び技能
・運動に対する心構えや姿勢
＜携行品＞
・体育実技のできる服装及びシューズ(体育館用)
・短なわ(なわ跳び用)
【課題：音楽】
□次の小学校の共通教材3曲の中から，当日自ら1曲を選択し，簡単
　なピアノ伴奏をつけての歌唱
　「ふじ山」文部省唱歌
　「まきばの朝」文部省唱歌
　「われは海の子」文部省唱歌
＜評価の視点＞
・歌唱力及び伴奏力
□次のいずれかによる任意の楽曲の演奏(独奏曲に限る。)
　電子ピアノ
　声楽
　その他の楽器(電子楽器を除く。)
＜評価の視点＞
・表現力及び技術力
＜携行品＞
・音楽実技に必要な楽器(電子ピアノ以外)及び楽譜

▼小学校
【課題：体育】
※全て体育館で実施(受験者9人ずつ)
□ハードル走
・練習は3～5分間。
・インターバル6.5m，7mが2コースずつ用意されており，どちらか選

択する。
□マット運動
後転を含む3種目の組み合わせ
・練習は3分間。
・2回実施して，良かった方が採点される。
□8の字ドリブル，キャッチボール
・練習時間が特に短い(1～2分)
・2つコーンがおかれている。
・ドリブルが終わったら，そのまま試験官とキャッチボール2回
□なわ跳び(持参)
二重跳び(10秒)，2種類の跳び方(20秒)
【課題：音楽】
□ピアノ弾き歌い
「ふじ山」「まきばの朝」「われは海の子」から1曲。当日，自ら選ぶ。
□電子ピアノ，声楽，その他の楽器から選び演奏

2018年度

◆実技試験(1次試験)
▼中高・特別支援中学部及び高等部　英語
【課題1】
□リスニング
対話文，説明文を聞いて内容を問うリスニングテスト
※評価の視点は，概要や要点を聞き取る力，聞き取った情報を基に書く力である。
【課題2】
□スピーキング
グループディスカッションによるスピーキングテスト(テーマは当日指定)

※評価の視点は，積極性，内容，表現力及び発音である。

▼中高・特別支援中学部及び高等部　音楽

【課題1】

□次のいずれかによる任意の楽曲の演奏(独奏曲に限る)。

○ピアノ

○声楽

○その他の楽器(電子楽器を除く。)

※評価の視点は，表現力及び技術力である。

【課題2】

□次の3曲の中から1曲を，ピアノ伴奏をつけての歌唱(曲は当日指定)

○「花の街」作詞：江間章子　作曲：團伊玖磨

○「早春賦」作詞：吉丸一昌　作曲：中田　章

○「帰れソレントへ」　作詞：G.B. デ・クルティス
作曲：E. デ・クルティス

※原語・訳詞いずれも可

※評価の視点は，歌唱力及び伴奏力である。

【課題3】

□次の合唱教材を歌いながらの指揮(演奏のポイントの簡単な説明を含む。)

○「浜辺の歌」作詞：林古溪　作曲：成田為三

※評価の視点は，指導力及び技術力である。

▼中学・特別支援中学部　美術

※「生徒に示す参考作品」の制作

【課題1】

□表現分野は「平面又は立体」(題材は当日指定)

※評価の視点は以下の通りである。

・発想や構想の能力

・創造的な技能

・安全への配慮
【課題2】
□主題設定の理由及び指導上の留意点の説明
※評価の視点は以下の通りである。
・題材に対する知識及び理解
・指導上の留意点の理解

▼中高・特別支援中学部及び高等部　家庭
※家庭に関する実技
【課題1】
□被服製作(題材は当日指定)
【課題2】
□調理実習(題材は当日指定)
※評価の視点は以下の通りである。
・題材についての理解及び知識・技術
・製作品の完成度
・実技に対する心構えや姿勢

▼中学・特別支援中学部技術　技術
※「技術とものづくり」についての実技
※題材：簡単な日用品の製作(テーマは当日指定)
【課題1】
□製作品の設計
※評価の視点は以下の通りである。
・材料の有効活用
・製作品の機能性及びアイデア性
【課題2】
□製作品の部品加工及び組立て
※評価の視点は以下の通りである。
・加工の技術・作業の正確さ

・安全への配慮
・製作品の正確さ及び完成度
・実技に対する心構えや姿勢

▼中高・特別支援中学部及び高等部　保体
【課題1】
□器械運動
マット運動(倒立前転を含む4種類の連続技)
□陸上競技
　ハードル走(ハードリング)
□球技
　サッカー(ボール操作)
□武道
　柔道(受け身，投げ技)
□ダンス
　現代的なリズムのダンス(曲は当日指定)
※評価の視点は以下の通りである。
・領域に対する知識及び技能
・運動に対する知識及び技能
※5段階で評価する。

▼養護教諭
※救急法等養護に関する実技(テーマは当日指定)
【課題1】
□実技(直接圧迫止血法)
※事例が書かれた紙を30秒で読み，そのことに応じた処置を3分間で行う。
※試験官の男性が男子児童役をした。
※最後に押さえていた止血点を問われた。
【課題2】

□保健指導(健康診断後(歯科検診)の個別の保健指導)
※歯式を見せながら行うことができた。
・初めに2分程度考える時間があった(実技も同様です)。
※評価の視点は以下の通りである。
・疾患等の知識・理解を基にした観察力，判断力及び対応力
・保健指導等の実践力

◆個人面接(1次試験)
※スポーツ・芸術特別選考，看護科・理療科教諭特別選考で実施。
※評価の視点は以下の通りである。
・教員として必要な教職専門分野の知識及び理解
・試験内容の指導に必要な専門的知識，理解及び技能(経験や専門性と教育への関わりについても含む。)
・教員としての適性や教育への意欲等
※5段階で評価する。

◆集団討論(1次試験) 面接官3～4人　受験者5～7人　時間60分(構想5分，意見15分，討論40分)
▼全校種
【テーマ】
□(A)グループ
子どもたちが意欲をもって主体的に学ぶ態度を育むために，私たちはどのようなことに心がけたらよいか，みなさんで話し合ってください。
□(B)グループ
子どもたちが情報モラルを身に付け，情報通信機器を適切に活用できるようにするために，私たちはどのようなことに心がけたらよいか，みなさんで話し合ってください。
□(C)グループ
子どもたちが自己の生き方について考え，目標に向かって努力する

態度を育むために，私たちはどのようなことに心がけたらよいか，みなさんで話し合ってください。

□(D)グループ

子どもたちが郷土に誇りと愛着をもち，地域の一員としての意識を高めるために，私たちはどのようなことに心がけたらよいか，みなさんで話し合ってください。

□(E)グループ

子どもたちが一人ひとりの存在を認め合い，互いを尊重する態度を育むために，私たちはどのようなことに心がけたらよいか，みなさんで話し合ってください。

※テーマを配られ，5分間考える時間が与えられる。その後，くじの順に一人2分間で自分の意見を述べる。全員が意見を述べた後，40分間の討論の時間が与えられる。

※評価の視点は，表現力，判断力，社会性，積極性，協調性等である。

※5段階で評価する。

※10分ごとに試験官の位置が変わる。

・結論を出さなくてよい。

・タイムキーパー，司会者の設定は任意。

・社会人としての観点から意見した(教員の立場限定ではなかった)。

・教員志望であるため，考えが教師としての立場になってしまいがちだったので，できるだけ様々な立場から意見を伝えるよう心がけた。

・待ち時間が長いグループほど，他の受験者と会話できるため，お互いのことを知ることができる。

◆適性検査(2次試験) 時間50分

▼全校種

【検査内容】

□クレペリン検査

・単純計算作業だった。

◆集団面接(2次試験) 面接官4人　受験者6人　時間20～30分程度

※模擬授業及び討議を行う。

▼小中高・特別支援小中高

[Aグループ]

□模擬授業の主題：「相手や場に応じた言葉遣いを心がけること」

〈討議の課題〉

このグループで協力して，小学校5年生(中学校2年生，高校2年生)の子どもたちに，「相手や場に応じた言葉遣いを心がけること」について考えを深めさせる1時間の授業を立案することとします。どのような授業にするか討議してください。

[Bグループ]

□模擬授業の主題：「ボランティア活動を行うこと」

〈討議の課題〉

このグループで協力して，小学校5年生(中学校2年生，高校2年生)の子どもたちに，「ボランティア活動を行うこと」について考えを深めさせる1時間の授業を立案することとします。どのような授業にするか討議してください。

[Cグループ]

□模擬授業の主題：「自然や環境を守ること」

〈討議の課題〉

このグループで協力して，小学校5年生(中学校2年生，高校2年生)の子どもたちに，「自然や環境を守ること」について考えを深めさせる1時間の授業を立案することとします。どのような授業にするか討議してください。

※題を与えられ，15分で導入部分，5分の授業を考える。他の受験者が生徒・児童役となる。

※自分が行う模擬授業の対象学年は自由に設定してよい。

※学級活動の時間として行う。

※模擬授業(導入部分5分)を全員がし終った後に，全員で題の内容で授

業案(小学校45分間，中学高校50分間)を40分で作る。
※模擬授業の発表順はくじだった。
※黒板使用可。

▼［Aグループ］養護教諭・栄養教諭
□模擬授業の主題　「望ましい食習慣の形成と健康」
〈討議の課題〉
このグループで協力して，中学校2年生の子どもたちに，「望ましい食習慣の形成と健康」について考えを深めさせる1時間の授業を立案することとします。どのような授業にするか討議してください。
［Bグループ］養護教諭
□模擬授業の主題　「ストレスへの対処と心の健康」
〈討議の課題〉
このグループで協力して，中学校2年生の子どもたちに，「ストレスへの対処と心の健康」について考えを深めさせる1時間の授業を立案することとします。どのような授業にするか討議してください。
［Cグループ］養護教諭
□模擬授業の主題　「生活リズムの確立と健康」
〈討議の課題〉
このグループで協力して，中学校2年生の子どもたちに，「生活リズムの確立と健康」について考えを深めさせる1時間の授業を立案することとします。どのような授業にするか討議してください。
※くじを引き，模擬授業を行う順番を決める。対象校種，学年は自分で設定する。
※一人5分ずつ授業の導入を実施する。他の受験者は児童・生徒になりきって受ける。
・テーマが配られ，15分間考える時間を与えられた。メモスペースあり。その後回収された。

※評価の視点は，教育的愛情，教育に対する情熱・意欲，教育観，人

権意識，倫理観，表現力，創造力，指導力，社会性，積極性，協調性等である。

※5段階で評価する。

◆実技試験(2次試験)

▼小学校・特別支援小学部

〈体育実技〉

【課題1】

□陸上運動(ハードル走)

※6m，7m間隔4台の2コースをどちらか1回のみ行う。

・小学生用なのか，高さが低めだった。

【課題2】

□器械運動

マット運動(後転を含む3種目，組合せ自由)

【課題3】

□ボール運動(ドッジボールを使用)

①8の字ドリブル

②試験官とキャッチボール

【課題4】

□体つくり運動(短なわを使用)

二重跳び10秒間＋2種類以上の技を10秒間

※評価の視点は以下の通りである。

・領域に対する知識及び技能

・運動に対する心構えや姿勢

〈音楽実技〉

【課題1】

□次の小学校の共通教材3曲の中から，当日自ら1曲を選択し，簡単なピアノ伴奏をつけての歌唱。

○「春の小川」文部省唱歌

○「もみじ」文部省唱歌

○「ふるさと」文部省唱歌
※評価の視点は，歌唱力及び伴奏力である。
【課題2】
□次のいずれかによる任意の楽曲の演奏(独奏曲に限る)。
○電子ピアノ
○声楽
○その他の楽器(電子楽器を除く)
・時間制限があった。
※評価の視点は，表現力及び技術力である。
※5段階で評価する。

◆個人面接(2次試験) 面接官2～3人　受験者1人　15～20分
※時間内に場面指導を含む。
▼小学校
【質問内容】
□豊かな人間性とは。
□豊かな社会性とは。
□地域と連携するためにはどうするか。
□目指す教師像について。
□学習習慣の確立のためにどうするか。
□子どもに腹が立ったときの対処法は。
□高い志をもった子どもを育むためには。
□忘れものをする子どもへの対応は。

▼小学校
【質問内容】
□自分の思う理想の教師に必要な資質能力について。
□理想の教師となるためにどのような努力をしているか。
□夜10時にコンビニで，子どもだけでいるところを見た際の指導。

□図書館で走り回る子どもへの指導(実際に子どもに言うつもりで)。
□最近になって表情が暗くなった学級の子どもへの対応。
□個別指導を学力の低い児童に行ったら，保護者から公平に接してほしいと苦情があった際の対応。
□基礎学力をつけるために家庭・地域とどのように連携するか。
※3人の試験官から順番に尋ねられる。
・場面指導など，実際の学校現場での対応についての質問がほとんどで，志望動機など自分自身に関することはあまり聞かれなかった。自分が答えたことについて，どんどん掘り下げて聞かれる。

▼中学社会
【質問内容】
□豊かな人間性とは。
→全員最初に聞かれていた。
□「友だちを作りたい」という生徒にどう対応するか。
□「宗教の対立について」など教科としてではなく，担任としてどう教えるか。
□授業中に教室を出ていた生徒にどう指導・対応するか。
□忘れものの多い生徒にどう指導するか。
□学力の低い生徒に個別指導をしていたら他の生徒の保護者にひいきだと言われた。どう対応するか。
□地域との連携はどうするか。そのときの課題は。解決策は。
□子どもの学力向上のため，何に気をつけるか。
□教師の資質向上のため，何をするか。
□クラスになじめていない子にどう対応するか。
□SNSで悪口を書いていると生徒が報告してきた。どう対応するか。
□授業中に私語をしている子どもにどう対応するか。
□教員どうしの連携はどうとるか。そのときの課題は。解決策は。
□高い目標をもつためにはどうするか。
□グローバル社会で子どもたちに身につけさせたい力を具体的に教え

て。

・場面指導的なものばかりだった。

・他県出身であったが，受験理由についてそこまでつっこまれなかった。

▼中学理科

【質問内容】

□あなたが考える豊かな人間性とは。

□授業中に教室をとび出していく子がいたらどう対応するか。

□授業中に私語をしている子がいたらどう対応するか。

□地域と連携した教育をどうはかっていくか。また，その時の課題は。

□SNSで悪口を書き込んでいる子がいると，他の子から言われたが，どう対応するか。

・志望理由や自己PRなどは聞かれなかった。

・ほとんどが場面指導のような質問。具体的には，と聞かれる。また，次々と質問をされる(1分に1問くらい)。

▼養護教諭

【質問内容】

□あなたにとっての人間性とは。

□夜遅くに複数の児童生徒がお店に入るところを見かけた，どうするか。

→その時言うことを聞き，家に帰ればいいが，帰らなかったらどうするか。

□子ども達が主体的に学び続けるためにはどうするか。

□最近になって友達と関わろうとせずふさぎ込んでいる子どもがいる，どう対応するか。

※評価の視点は，教育的愛情，教育に対する情熱・意欲，教育観，人権意識，倫理観，表現力，創造力，指導力，社会性，積極性，協調

性等である。
※5段階で評価する。

2017年度

◆実技試験(1次試験)
▼中高英語・特別支援中学部及び高等部
【課題1】
□リスニング
対話文，説明文を聞いて内容を問うリスニングテスト
※評価の視点は，概要や要点を聞き取る力，聞き取った情報を基に書く力である。
【課題2】
□スピーキング
グループディスカッションによるスピーキングテスト(テーマは当日指定)
※評価の視点は，積極性，内容，表現力及び発音である。

▼中高音楽・特別支援中学部及び高等部
【課題1】
□次のいずれかによる任意の楽曲の演奏(独奏曲に限る)。
○ピアノ
○声楽
○その他の楽器(電子楽器を除く。)
※評価の視点は，表現力及び技術力である。
【課題2】
□次の3曲の中から1曲を，ピアノ伴奏をつけての歌唱(曲は当日指定)
○「荒城の月」　作詞：土井晩翠　作曲：滝廉太郎
○「浜辺の歌」　作詞：林古溪　作曲：成田為三
○「サンタルチア」　ナポリ民謡　※原語・訳詞いずれも可。

※評価の視点は，歌唱力及び伴奏力である。
【課題3】
□次の合唱教材を歌いながらの指揮(演奏のポイントの簡単な説明を含む。)
○「花」　作詞：武島羽衣　作曲：滝廉太郎
※評価の視点は，指導力及び技術力である。

▼中学美術・特別支援中学部美術
※「生徒に示す参考作品」の制作
【課題1】
□表現分野は「平面又は立体」(題材は当日指定)
※評価の視点は以下の通りである。
・発想や構想の能力
・創造的な技能
・安全への配慮
【課題2】
□主題設定の理由及び指導上の留意点の説明
※評価の視点は以下の通りである。
・題材に対する知識及び理解
・指導上の留意点の理解

▼中高家庭・特別支援中学部及び高等部美術
※家庭に関する実技
【課題1】
□被服製作(題材は当日指定)
【課題2】
□調理実習(題材は当日指定)
※評価の視点は以下の通りである。
・題材についての理解及び知識・技術
・製作品の完成度

・実技に対する心構えや姿勢

▼中学技術・特別支援中学部技術
※「技術とものづくり」についての実技
※題材：簡単な日用品の製作(テーマは当日指定)
【課題1】
□製作品の設計
※評価の視点は以下の通りである。
・材料の有効活用
・製作品の機能性及びアイデア性
【課題2】
□製作品の部品加工及び組立て
※評価の視点は以下の通りである。
・加工の技術・作業の正確さ
・安全への配慮
・製作品の正確さ及び完成度
・実技に対する心構えや姿勢

▼中高保体・特別支援中学部及び高等部保体
【課題1】
□器械運動
マット運動(倒立前転を含む4種類の連続技)
□陸上競技
ハードル走(ハードリング)
□球技
バスケットボール(ボール操作)
□武道
剣道(体さばき，竹刀操作)
□ダンス
現代的なリズムのダンス(曲は当日指定)

※評価の観点は以下の通りである。
・領域に対する知識及び技能
・運動に対する知識及び技能
※5段階で評価する。

▼養護教諭
※救急法等養護に関する実技(テーマは当日指定)
【課題1】
□応急処置
小学校3年生男子が校庭で走っていて転倒し，左前腕を負傷，病院受診が必要な状態である。
三角巾を用いて応急処置をしなさい。なお，児童は流水で傷口を流してから来室している。(3分間)
【課題2】
□保健指導
職員朝礼での一場面である。起立して行いなさい。地域で感染性胃腸炎が流行している。本校でも，小学校3年生の児童が一名，感染性胃腸炎と思われる症状で欠席している。次のことを踏まえて，職員に対して指導をしなさい。(2分間)
※評価の視点は以下の通りである。
・疾患等の知識・理解を基にした観察力，判断力及び対応力
・保健指導等の実践力

◆個人面接(1次試験)
※スポーツ・芸術特別選考，看護科・理療科教諭特別選考
※評価の視点は以下の通りである。
・教員として必要な教職専門分野の知識及び理解
・試験内容の指導に必要な専門的知識，理解及び技能(経験や専門性と教育への関わりについても含む。)

・教員としての適性や教育への意欲等
※5段階で評価する。

◆集団討論(1次試験)　面接官3～4人　受験者5～7人　時間40～60分
▼全校種
【テーマ】
□(A)グループ
人権尊重の意識を高めていくことが大切であると言われている中で，私たちはどのようなことに心がけたらよいか，みなさんで話し合ってください。
□(B)グループ
将来の夢や目標をもつことが大切であると言われている中で，私たちはどのようなことに心がけたらよいか，みなさんで話し合ってください。
□(C)グループ
地域社会を活性化していくことが大切であると言われている中で，私たちはどのようなことに心がけたらよいか，みなさんで話し合ってください。
□(D)グループ
グローバル化や情報化等が進む現代社会においては主体的に判断し行動することが大切であると言われている中で，私たちはどのようなことに心がけたらよいか，みなさんで話し合ってください。
□(E)グループ
環境の保全に積極的に取り組んでいくことが大切であると言われている中で，私たちはどのようなことに心がけたらよいか，みなさんで話し合ってください。
※テーマを配られ，5分間考える時間が与えられる。その後，くじの順に2分間で自分の意見を述べる。全員が意見を述べた後，40分間の対談の時間が与えられる。
※評価の視点は，表現力，判断力，社会性，積極性，協調性等である。

※5段階で評価する。
・結論を出さなくてよい。
・社会人としての観点から意見した(教員の立場限定ではなかった)。
・タイムキーパー，司会者がいた方が進めやすかった。
・教員志望であるため，考えが教師としての立場になってしまいがちだったので，できるだけ様々な立場から意見を伝えるよう心がけた。

◆適性検査(2次試験)　時間50分
▼全校種
【検査内容】
□クレペリン検査
・単純計算作業だった。

◆集団面接(2次試験)　面接官4人　受験者6人　時間20～30分程度
※模擬授業及び討議を行う。
▼小中高・特別支援小中高
□模擬授業の主題：「努力することの大切さ」
討議の課題
「このグループで協力して，小学校5年生(中学校2年生，高校2年生)の子どもたちに，『努力することの大切さ』について考えを深めさせる1時間の授業を立案することとします。どのような授業にするか討議してください。」
□模擬授業の主題：「きまりを守ることの大切さ」
討議の課題
「このグループで協力して，小学校5年生(中学校2年生，高校2年生)の子どもたちに，『きまりを守ることの大切さ』について考えを深めさせる1時間の授業を立案することとします。どのような授業にするか討議してください。」
□模擬授業の主題：「支え合うことの大切さ」

討議の課題

「このグループで協力して，小学校5年生(中学校2年生，高校2年生)の子どもたちに，『支え合うことの大切さ』について考えを深めさせる1時間の授業を立案することとします。どのような授業にするか討議してください。」

※お題を与えられ，15分で導入部分5分の授業を考える。他の受験者が生徒・児童役となる。

※模擬授業(導入部分5分)を全員がし終った後に，全員でお題の内容で中学2年生を対象とした45分の授業案を作る。

※黒板使用可。

・まとめ役をかって出たり，まとめ役なしで話を進めたりと，形式は自由だった。

・お題は道徳的なものが多い。道徳の副読本はよく目を通しておいた方がよいと思う。

・複数の観点を出しながら生徒観をよりリアルにさせていくとよい。

・時事ネタと関連させる(今年はオリンピック)とよい。

・号令は面接官，終了合図も面接官だった。

▼養護教諭

□模擬授業の主題：「バランスのとれた食事の大切さ」

討議の課題

「このグループで協力して，中学校2年生の子どもたちに，『バランスのとれた食事の大切さ』について考えを深めさせる1時間の授業を立案することとします。どのような授業にするか討議してください。」

□模擬授業の主題：「異性についての正しい理解」

討議の課題

「このグループで協力して，中学校2年生の子どもたちに，『異性についての正しい理解』について考えを深めさせる1時間の授業を立案することとします。どのような授業にするか討議してください。」

□模擬授業の主題：「不安や悩みへの対処法」

討議の課題

「このグループで協力して，中学校2年生の子どもたちに，「『不安や悩みへの対処法』について考えを深めさせる1時間の授業を立案することとします。どのような授業にするか討議してください。」

※くじを引き，模擬授業を行う順番を決める。対象校種，学年は自分で設定する。

※ひとり5分ずつ授業の導入を実施する。他の受験者は児童・生徒になりきって受ける。

※全員が模擬授業実施後，30分間の集団討論を行う。中学2年生を対象にした1限の授業を作るように話し合う。

・テーマが配られ，15分間考える時間を与えられた。メモスペースあり。その後回収された。

▼栄養教諭

□模擬授業の主題　「バランスのとれた食事の大切さ」

討議の課題

「このグループで協力して，中学校2年生の子どもたちに，『バランスのとれた食事の大切さ』について考えを深めさせる1時間の授業を立案することとします。どのような授業にするか討議してください。」

※評価の視点は，教育的愛情，教育に対する情熱・意欲，教育観，人権意識，倫理観，表現力，創造力，指導力，社会性，積極性，協調性等である。

※5段階で評価する。

◆実技試験(2次試験)

▼小学校・特別支援小学部

〈体育実技〉

【課題1】

□陸上運動

ハードル走
※6.5m，7.5m間隔の2コースをどちらか1回のみ行う。
【課題2】
□器械運動
マット運動(後転を含む3種目の組み合わせ)
【課題3】
□ボール運動(ドッジボールを使用)
①ドリブル
②キャッチボール
・ドリブルは八の字に，キャッチボールは試験官と行った。
【課題4】
□体つくり運動(短なわを使用)
二重跳びを含む3種類以上の跳び方
※10秒間二重跳びをし，残り20秒で2つの技を行う。
※評価の視点は以下の通りである。
・領域に対する知識及び技能
・運動に対する心構えや姿勢
〈音楽実技〉
【課題1】
□次の小学校の共通教材3曲の中から，当日自ら1曲を選択し，簡単なピアノ伴奏をつけての歌唱。
○「ふじ山」　文部省唱歌
○「とんび」　作詞：葛原しげる　作曲：梁田貞
○「われは海の子」　文部省唱歌
※評価の視点は，歌唱力及び伴奏力である。
【課題2】
□次のいずれかによる任意の楽曲の演奏(独奏曲に限る)。
○電子ピアノ
○声楽
○その他の楽器(電子楽器を除く)

※評価の視点は，表現力及び技術力である。
※5段階で評価する。

◆個人面接(2次試験)　面接官3人　受験者1人　15～20分
▼小学校
【質問内容】
□大学生時代，教員になるために力を入れたことは？
□図書館でさわぐ子どもに注意すると，「前は注意されなかった」と言ってきた。あなたならなんと言いますか？
・自己アピール等，志望動機等の質問はなかった。
・質問に答えると，ときどきもう一歩踏み込んで質問してきた。
・個人面接の中で2，3回場面指導についての問いがあった。

▼中学国語
【質問内容】
□教師のやりがいとは何か。
□信頼(保護者から)される教員になるためにはどうすればよいか。
□地域との関連した具体的活動について。
□落書きをした生徒が「他の子もやっていた」と言ったらどうするか。
□人を傷つける子どもがいるクラスを学級経営の点からどうするか。
・志望動機などあらかじめ書いた内容は聞かれなかった。
・より具体的な策を聞かれた。
※評価の視点は，教育的愛情，教育に対する情熱・意欲，教育観，人権意識，倫理観，表現力，創造力，指導力，社会性，積極性，協調性等である。
※5段階で評価する。

▼養護教諭
【質問内容】
□養護教諭のやりがいとは何か。

□学校生活において，子どもたちが安心して友人と過ごすためにはどうしたらよいか。
□災害発生後の心のケアについて，養護教諭として，どのような取り組みが必要だと考えるか。
□人と社会とのつながりが必要といわれる中で，あなたは教員としてどのような取り組みをするか。
□郷土を愛する気持ちを育てるためには，教員としてどうしたらよいか。
□児童生徒が安心して保健室を利用するために，どうのような配慮をするべきか。
□保健指導をするに当たり，あなたは担任とどのように協力していくか。
□図書室で騒いでいる児童を注意すると，「他の人も話している。」と反論した。どう対応するか。
□黒板に落書きをしている児童を注意すると，「他のみんなもやっている。」と反論した。どう対応するか。
・12問程度だった。

2016年度

◆集団面接(討議)(1次試験)
※評価の観点は，表現力，判断力，社会性，積極性，協調性等である。
【Aグループ課題】
□コミュニケーション能力を身に付けることが大切であると言われている中で，私たちはどのようなことに心がけたらよいか，みなさんで話し合ってください。
【Bグループ課題】
□規範意識を身に付けることが大切であると言われている中で，私たちはどのようなことに心がけたらよいか，みなさんで話し合ってください。

【Cグループ課題】

□情報モラルを正しく身に付けることが大切であると言われている中で，私たちはどのようなことに心がけたらよいか，みなさんで話し合ってください。

【Dグループ課題】

□郷土に誇りと愛着をもつことが大切であると言われている中で，私たちはどのようなことに心がけたらよいか，みなさんで話し合ってください。

【Eグループ課題】

□事件・事故・災害に備え，自らの安全を自ら守る力を身に付けていくことが大切であると言われている中で，私たちはどのようなことに心がけたらよいか，みなさんで話し合ってください。

▼小学校教諭　面接官3人　受験者7人　時間90分

※課題はAグループの内容。

※

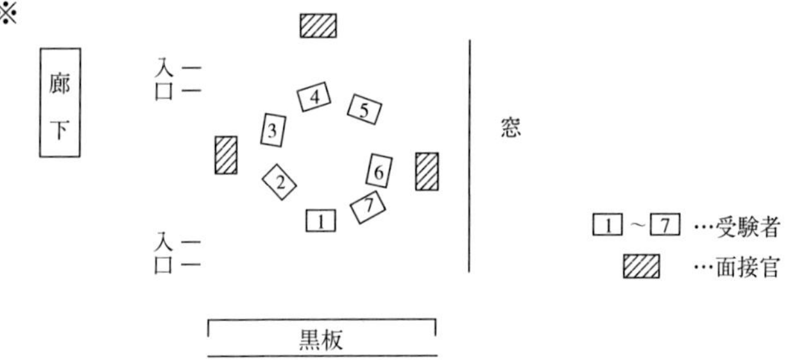

机が7個円に並べてあり，お互いは整理番号で呼び合う。

※テーマが書かれたA4の用紙が1枚配られ，5分で各自意見をまとめメモする。クジを引いて番号の順に1人2分で発表し，その後は受験者に任され，自由に話し合う(約40分)。

※面接官は一定時間で席を交代する。話をまとめていく必要はあるが，まとめきる必要はない。

▼高校理科　面接官3人　受験者4～6人　時間50分

※課題はBグループの内容。
※保護者，教員，様々な立場からの意見でよい。結論は出さなくてもよい。

◆実技試験(1次試験)
▼中高英語・特別支援中学部・高等部英語
【課題1】
□リスニング
対話文，説明文を聞いて内容を問うリスニングテスト。
※評価の観点は，概要や要点を聞き取る力，聞き取った情報を基に書く力である。
【課題2】
□スピーキング
グループディスカッションによるスピーキングテスト(テーマは当日指定)。
※評価の観点は，積極性，内容，表現力及び発音である。

▼中高技術・特別支援中学部・高等部技術
【課題】
□「技術とものづくり」についての実技
題材：簡単な日用品の製作(テーマは当日指定)
(1)　製作品の設計
※評価の観点は，材料の有効活用，製作品の機能性及びアイデア性である。
(2)　製作品の部品加工及び組立て
※評価の観点は，加工の技術・作業の正確さ，安全への配慮，製作品の正確さ及び完成度，実技に対する心構えや姿勢である。
※携行品は，実習のできる服装及びシューズ。

▼中高家庭・特別支援中学部・高等部家庭
※評価の観点は，題材についての理解及び知識・技術，製作品の完成度，実技に対する心構えや姿勢である。
※携行品は，調理に関する実技のできる服装。
【課題】
□家庭に関する技術
(1)　被服製作(題材は当日指定)
(2)　調理実習(題材は当日指定)

▼中高音楽・特別支援中学部・高等部音楽
【課題1】
□次のいずれかによる任意の楽曲の演奏(独奏曲に限る)。
○ピアノ
○声楽
○その他の楽器(電子楽器を除く)
※評価の観点は，表現力及び技術力である。
【課題2】
□次の3曲の中から，1曲をピアノ伴奏をつけての歌唱(曲は当日指定)。
○「赤とんぼ」　作詞　三木露風　　作曲　山田耕筰
○「早春賦」　作詞　吉丸一昌　　作曲　中田章
○「帰れソレントへ」　作詞　G.B.デ・クルティス　　作曲　E.デ・クルティス
※評価の観点は，歌唱力及び伴奏力である。
【課題3】
□次の合唱教材を歌いながらの指揮(演奏のポイントの簡単な説明を含む)。
○「夏の思い出」　作詞　江間章子　　作曲　中田喜直
※評価の観点は，指導力及び技術力である。
※携行品は，音楽実技に必要な楽器(ピアノ以外)及び楽譜。

▼中高保体・特別支援中学部・高等部保体
※評価の観点は，領域に対する知識及び技能，運動に対する心構えや姿勢である。
※携行品は，体育実技のできる服装及びシューズ(体育館用)。
【課題1】
□器械運動
マット運動(倒立前転を含む4種類の連続技)
【課題2】
□陸上競技
ハードル走(ハードリング)
【課題3】
□球技
バレーボール(ボール操作)
【課題4】
□武道
剣道(体さばき，竹刀操作)
【課題5】
□ダンス
現代的なリズムのダンス(曲は当日指定)

▼中高美術・特別支援中学部・高等部美術
【課題】
□「生徒に示す参考作品」の制作
(1)　表現分野は「平面又は立体」(題材は当日指定)
※評価の観点は，発想や構想の能力，創造的な技能，安全への配慮である。
(2)　主題設定の理由及び指導上の留意点の説明
※評価の観点は，題材に対する知識及び理解，指導上の留意点の理解である。
※携行品は，絵画鉛筆，カッターナイフ。

▼中高書道・特別支援中学部・高等部書道

【課題1】

□漢字の書の臨書(半紙・画仙紙半切)

※評価の観点は，古典に基づく基本的な用筆・運筆技法である。

【課題2】

□漢字の書の創作(色紙)

※評価の観点は，表現形式に応じた創造的な表現の技法である。

【課題3】

□仮名の書の創作(半紙)

※評価の観点は，仮名の書の基本的な用筆・運筆の技法と表現の工夫である。

【課題4】

□漢字仮名交じりの書の創作(画仙紙半切$\frac{1}{2}$)

※書表現の構想と工夫，創造的な表現の技能である。

※携行品は，書道実技のできる服装，書道用具一式。

▼養護教諭

【課題】

□救急法等養護に関する実技(テーマは当日指定)

※評価の観点は，疾患等の知識・理解を基にした観察力，判断力及び対応力，保健指導等の実践力である。

※携行品は，養護に関する実技のできる服装及びシューズ。

◆適性検査(2次試験)

※シャープペンシルは使用できない。

▼小学校教諭

【検査内容】

□クレペリン検査

・放送の指示に従って行う。鉛筆を2～3本用意しておくとよい。

▼高校理科　時間50分

【検査内容】

□クレペリン検査

◆集団面接(模擬授業・討議)(2次試験)

※評価の観点は，教育的愛情，教育に対する情熱・意欲，教育観，人権意識，倫理観，表現力，創造力，指導力，社会性，積極性，協調性等である。

▼教諭

【Aグループ課題】

□挑戦することの大切さ

〈討議の課題〉

このグループで協力して，小学校5年生(中学校2年生，高校2年生)の子どもたちに『挑戦することの大切さ』について考えを深めさせる1時間の授業を立案することとします。どのような授業にするか討議してください。

【Bグループ課題】

□学ぶことの大切さ

〈討議の課題〉

このグループで協力して，小学校5年生(中学校2年生，高校2年生)の子どもたちに，『学ぶことの大切さ』について考えを深めさせる1時間の授業を立案することとします。どのような授業にするか討議してください。

【Cグループ課題】

□相手の気持ちを考えることの大切さ

〈討議の議題〉

このグループで協力して，小学校5年生(中学校2年生，高校2年生)の子どもたちに，『相手の気持ちを考えることの大切さ』について考えを深めさせる1時間の授業を立案することとします。どのような授業にするか討議してください。

▼小学校教諭　面接官4人　受験者5人　時間70分
※課題はCグループの内容。
※

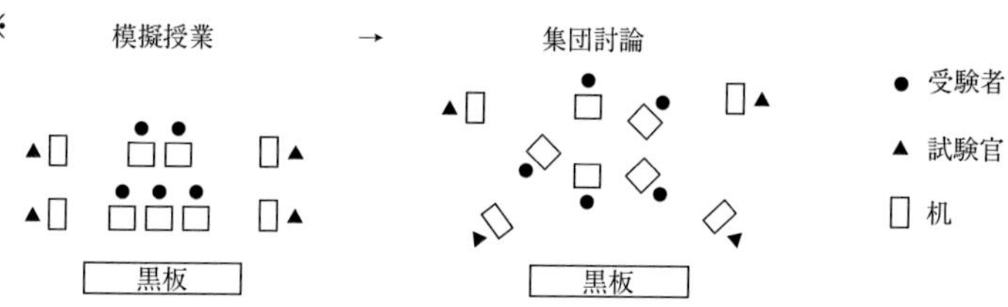

※テーマの書かれたA4の用紙が配られ，15分で授業案を考えメモ。15分後に一端集められ，クジで模擬授業の順番を決める。模擬授業の際は初めにメモした紙が渡され，1人5分で授業を行う。他の受験者は児童役になり，特別な配慮が必要な児童はいない設定。板書，指名，机間巡視など行ってもよい。
※全員の授業が終わったら，机を丸に移動させて〈討議の課題〉を話し合う。実際に指導案を書き，仕上げるわけではない。話し合いのメモとして黒板の使用も可能。授業案は完成しなくてもよいものとする。

▼高校理科　面接官4人　受験者6人
※課題はAグループの内容。
※1人5分で模擬授業(導入部)を行い，討議の議題(6人で1時間の授業を作る)へ移った。
※黒板は使っても使わなくてもよい。
※メモは回収された。

▼養護教諭
【Aグループ課題】

□健全な食生活を送ることの大切さ

〈討議の課題〉

このグループで協力して，中学校2年生の子どもたちに，『健全な食生活を送ることの大切さ』について考えを深めさせる1時間の授業を立案することとします。どのような授業にするか討議してください。

【Bグループ課題】

□睡眠の大切さ

〈討議の課題〉

このグループで協力して，中学校2年生の子どもたちに，『睡眠の大切さ』について考えを深めさせる1時間の授業を立案することとします。どのような授業にするか討議してください。

【Cグループ課題】

□適度な運動の大切さ

〈討議の課題〉

このグループで協力して，中学校2年生の子どもたちに，『適度な運動の大切さ』について考えを深めさせる1時間の授業を立案することとします。どのような授業にするか討議してください。

◆実技試験(2次試験)

▼小学校教諭

【体育課題】

□陸上運動

ハードル走

※インターバルは6m，7mから選択。ハードルは全4台。

□器械運動

マット運動(後転を含む3種目の組合せ×2回)

□ボール運動(ドッジボールを使用)

①ドリブル

②キャッチボール

※ドリブルしながら8の字でコーンを回る。面接官とキャッチボールを片手上投げで2往復。

□体つくり運動(短なわを使用)

二重跳びを含む3種類以上の跳び方(各10秒間)

※評価の観点は，領域に対する知識及び技能，運動に対する心構えや姿勢である。

※携行品は，体育実技のできる服装及びシューズ(体育館用)，短なわ(なわ跳び用)。

※全ての実技に練習時間あり。

【音楽課題1】

□次の小学校の共通教材3曲の中から，当日自ら1曲を選択し，簡単なピアノ伴奏をつけての歌唱。

○「春の小川」　作詞　高野辰之　　作曲　岡野貞一

○「まきばの朝」　作曲　船橋栄吉

○「ふるさと」　作詞　高野辰之　　作曲　岡野貞一

※評価の観点は，歌唱力及び伴奏力である。

【音楽課題2】

□次のいずれかによる任意の楽曲の演奏(独奏曲に限る)。

○電子ピアノ

○声楽

○その他の楽器(電子楽器を除く)

※評価の観点は，表現力及び技術力である。

※携行品は，音楽実技に必要な楽器(電子ピアノ以外)及び楽譜。

※ピアノは電子ピアノ(ペダル付き)を使用。

◆個人面接(2次試験)

※評価の観点は，教育的愛情，教育に対する情熱・意欲，教育観，人権意識，倫理観，表現力，創造力，指導力，社会性，積極性，協調性等である。

▼小学校教諭　面接官3人　時間20分

※場面指導も含まれていた。

【質問内容】

□志望理由(なぜその校種かも含めて)

□その他，自己推薦票記入事項についての質問

□授業中，机に伏せている子がいたらどうするか(場面指導)。

□後ろの黒板に落書きがあり，からかわれている子がいる。どうするか(場面指導)。

□地域の人から児童の登下校のマナーが悪いと連絡があった。どのように対応するか(場面指導)。

□あざがある子がいるが聞いても答えない。どうするか(場面指導)。

※面接官3人がストップウォッチで時間をはかりながら行う。6～7分経ったら次の面接官へ。

※願書とともに提出した自己推薦票を見ながら質問される。具体的に，それから，他には，など突っ込まれ，詳しい話を求められる。

▼高校理科　面接官3人　時間20分

【質問内容】

□志望動機

□生徒に見覚えのないあざがあった場合，どうするか。

□あなたは授業中，生徒に「分からない」と言われたらどうするか。

・どの質問においても具体的に答えないと次々と突っ込まれます。最初から具体的に答えておいた方が落ち着いてできると思う。

2015年度

◆集団面接・討議(1次試験)

※テーマ1～5のうち，1つについて討議する。

【テーマ1】

□読書に親しむことが大切であると言われている中で，私たちはどのようなことに心がけたらよいか，みなさんで話し合ってください。

【テーマ2】

□文化芸術に親しむことが大切であると言われている中で，私たちはどのようなことに心がけたらよいか，みなさんで話し合ってください。

【テーマ3】

□ボランティア活動に取り組むことが大切であると言われている中で，私たちはどのようなことに心がけたらよいか，みなさんで話し合ってください。

【テーマ4】

□体力の向上を図ることが重要であると言われている中で，私たちはどのようなことに心がけたらよいか，みなさんで話し合ってください。

【テーマ5】

□自然災害への備えが重要であると言われている中で，私たちはどのようなことに心がけたらよいか，みなさんで話し合ってください。

▼小学校教諭

【テーマ】

□「体力向上が重要であると言われているが，あなたならどのように取り組むか。」

▼小学校教諭

【テーマ】

□「自然災害について，私たちが気を付けることは何か。」

▼養護教諭

【テーマ】

□「文化芸術に親しむことが大切であると言われている中で，私たちはどのようなことを心掛けるべきか。」

※構想3分，1～2分程自身の意見を発表した後に，40分間討論を実施。
※司会の有無は問わない。
※教員としての視点か，社会人としての視点かは問わない。

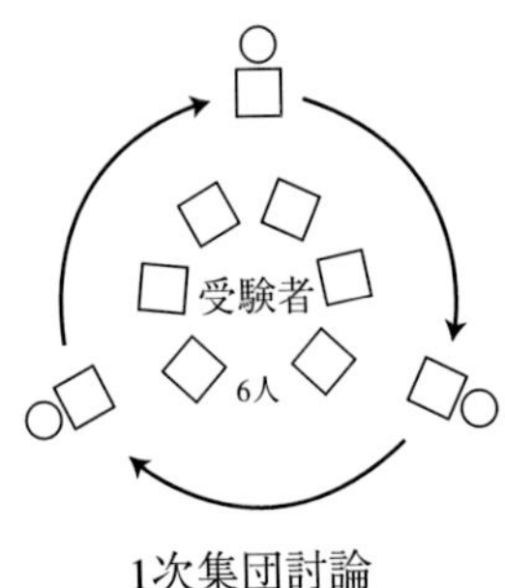

1次集団討論

◆実技試験(１次試験)

▼中高英語

【課題】

□リスニング
対話文，説明文を聞いて内容を問うリスニングテスト

□スピーキング
グループディスカッションによるスピーキングテスト(テーマは当日指定)

▼中高技術

【課題】

□「技術とものづくり」についての実技
題材：簡単な日用品の製作(テーマは当日指定)
(1)製作品の設計(使用目的に即した製作品のラフスケッチ)
(2)製作品の部品加工及び組立て
※携行品：実習服，実習靴

▼中高家庭

【課題】

□被服製作(題材は当日指定)

□調理実習(題材は当日指定)

※携行品：調理に関する実技のできる服装

▼中高音楽

【課題】

□演奏

次のいずれかによる任意の楽曲の演奏(独奏曲に限る)

・ピアノ

・声楽

・その他の楽器

※その他の楽器については和楽器を含む。また，電子楽器を除く。

□弾き歌い

次の3曲の中から，1曲をピアノ伴奏をつけての歌唱(曲は当日指定)

・「夏の思い出」　作詞：江間章子　作曲：中田喜直

・「花の街」　作詞：江間章子　作曲：團伊玖磨

・「サンタ　ルチア」　ナポリ民謡　※原語・訳詞いずれも可

□指揮

次の合唱教材を歌いながらの指揮(演奏のポイントの簡単な説明を含む)

・「浜辺の歌」　作詞：林古渓　作曲：成田為三

※携行品：音楽実技に必要な楽器(ピアノ以外)及び楽譜

▼中高保体

【課題】

□器械運動

マット運動(倒立前転を含む4種類の連続技)

□陸上競技

ハードル走(ハードリング)

□球技

ソフトボール(捕球・送球，バット操作)

□武道

剣道(体さばき，竹刀操作)

□ダンス

現代的なリズムのダンス(曲は当日指定)

※携行品：体育実技のできる服装，体育館シューズ

▼中高美術

【課題】

□「生徒に示す参考作品」の制作

(1)　表現分野は「平面又は立体」(題材は当日指定)

(2)　主題設定の理由及び指導上の留意点の説明

※携行品：絵画鉛筆，カッターナイフ

▼中高書道

【課題】

□漢字の書の臨書(半紙・画仙紙半切)

□漢字の書の創作(色紙)

□仮名の書の創作(半紙)

□漢字仮名交じりの書の創作(画仙紙半切1/2)

※携行品：実技のできる服装，書道用具一式

▼養護教諭

【課題】

□救急法等養護に関する実技(テーマは当日指定)

※養護に関する実技のできる服装及びシューズ

▼養護教諭

【課題】

□「朝食と睡眠の大切さ」についての指導

「体調不良のため来室した生徒は，朝食を食べておらず朝の部活に参加していた」という設定。

※対象は中学生，5分間で行う。

□救急処置

けがをした子どもの圧迫止血を2分間で行う。

※最後に，抑えていた動脈の名前を問われる。

◆適性検査(2次試験)　50分

【検査内容】

□内田クレペリン検査

◆集団面接　模擬授業・討議(2次試験)　面接官4人　受験者6人　50分

※模擬授業終了後，続けて集団討論(30分)を同テーマで実施。

▼養護教諭以外

※テーマ1～3のうち，1つについて模擬授業・討議する。

【テーマ1】

□模擬授業の主題「将来の夢や目標をもつことの大切さ」

□討議の課題「このグループで協力して，小学校5年生(中学校2年生，高校2年生)の子どもたちに，『将来の夢や目標をもつことの大切さ』について考えを深めさせる1時間の授業を立案することとします。どのような授業にするか討議してください。」

【テーマ2】

□模擬授業の主題「基本的な生活習慣づくりの大切さ」

□討議の課題「このグループで協力して，小学校5年生(中学校2年生，高校2年生)の子どもたちに，『基本的な生活習慣づくりの大切さ』

について考えを深めさせる1時間の授業を立案することとします。どのような授業にするか討議してください。」

【テーマ3】

□模擬授業の主題「生命（いのち）の大切さ」

□討議の課題「このグループで協力して，小学校5年生(中学校2年生，高校2年生)の子どもたちに，『生命（いのち）の大切さ』について考えを深めさせる1時間の授業を立案することとします。どのような授業にするか討議してください。」

▼小学校教諭

【授業課題】

□テーマ：「基本的生活習慣の大切さを伝える授業」

※15分構想した後，導入から5分授業を行う。

※模擬授業の時点では，対象学年は自由に設定可。

※授業実施者以外の受験者は生徒役となる。

【討論テーマ】

□「模擬授業のテーマについて深めることができる，小学5年生対象の1時間分の授業をつくりなさい。」

▼小学校教諭

【授業課題】

□テーマ：「生命の大切さを伝える授業」(道徳・学級活動)

▼小学校教諭

【授業課題】

□テーマ：「将来の夢や目標を持つことの大切さを伝える授業」

▼養護教諭

※テーマ1～3のうち，1つについて模擬授業・討議する。

【テーマ1】

□模擬授業の主題「ストレスの心身への影響と健康」
□討議の課題「このグループで協力して，中学校2年生の子どもたちに，『ストレスの心身への影響と健康』について考えを深めさせる1時間の授業を立案することとします。どのような授業にするか討議してください。」
【テーマ2】
□模擬授業の主題「健康的な生活習慣づくりの大切さ」
□討議の課題「このグループで協力して，中学校2年生の子どもたちに，『健康的な生活習慣づくりの大切さ』について考えを深めさせる1時間の授業を立案することとします。どのような授業にするか討議してください。」
【テーマ3】
□模擬授業の主題「歯と口の健康づくり」
□討議の課題「このグループで協力して，中学校2年生の子どもたちに，『歯と口の健康づくり』について考えを深めさせる1時間の授業を立案することとします。どのような授業にするか討議してください。」

▼養護教諭
【授業課題】
□テーマ：「ストレスの心身への影響と健康についての授業」
学級活動における保健指導という設定。
【討論テーマ】
□「模擬授業のテーマを中学2年生対象で行う場合の指導案を立案しなさい。」

◆個人面接(2次試験)　面接官3人　15～20分
※絵本の読みきかせを含む。(「やまなし」「スイミー」「モチモチの木」のうちから選択し，任意の箇所から2分間実施。)

▼小学校教諭

【質問内容】

□公務員として気を付けたいことは。

□子どもが「先生に怒られたから学校に行きたくない」と言っていると，保護者から電話があった。どう対応するか。

□「わかる授業」とはどんなものか。

□絵本を読むときに気を付けたことは。

▼小学校教諭

【質問内容】

□いじめはなぜいけないのか。

□人権教育でどういうことをするか。

□「豊かな心」を育成するためには。

□読書活動を推進するためには。

□職場のチームワークをよくするためには。

▼小学校教諭

【質問内容】

□地域と学校の連携はなぜ必要なのか。

□高齢者が生き甲斐を感じるために，学校現場で行えることとはなにか。

□規範意識の低下で，最も気になる社会問題とは。

→子どもが将来そうならないようにする為には，どのような取り組みを行うか。

□なぜ教員は学び続ける必要があるのか。

▼養護教諭

【質問内容】

□いじめをなくすために，あなたができることとは。

□不登校傾向のある女子生徒が，久しぶりに登校して保健室に来た。

どのように対応するか。

◆実技試験(2次試験)

▼小学校教諭

【音楽課題】

□弾き歌い

次の小学校の共通教材3曲の中から，当日自ら1曲を選択し，簡単なピアノ伴奏をつけての歌唱

・「ふじ山」,「もみじ」,「われは海の子」

□演奏

次のいずれかによる任意の楽曲の演奏(独奏曲に限る)

・電子ピアノ

・声楽

・その他の楽器

※その他の楽器については和楽器を含む。また，電子楽器を除く。

※携行品

音楽：音楽実技に必要な楽器(電子ピアノ以外)及び楽譜

【体育課題】

□陸上運動

ハードル走

□器械運動

マット運動(後転を含む3種目の組み合わせ)

□ボール運動(ドッジボールを使用)

①ドリブル②キャッチボール

□体つくり運動(短なわを使用)

二重跳びを含む3種類以上の跳び方

※二重跳び10秒間，他2種各15秒間ずつ実施。

※携行品

体育：体育実技のできる服装，体育館シューズ，縄跳び(短なわ)

2014年度

◆集団面接・討議(1次試験)

※課題1～5のうち，1つについて討議する。

【課題1】

□スポーツに親しむことが大切であると言われている中で，私たちはどのようなことに心がけたらよいか，みなさんで話し合ってください。

【課題2】

□主体性を持って積極的に社会に参加することが大切であると言われている中で，私たちはどのようなことに心がけたらよいか，みなさんで話し合ってください。

【課題3】

□生涯にわたって学び続けることが大切であると言われている中で，私たちはどのようなことに心がけたらよいか，みなさんで話し合ってください。

【課題4】

□礼儀正しく人に接することは大切ですが，私たちはどのようなことに心がけたらよいか，みなさんで話し合ってください。

【課題5】

□自然とふれあう体験が少なくなってきている中で，私たちはどのようなことに心がけたらよいか，みなさんで話し合ってください。

◆適性検査(2次試験)

【検査内容】

□内田クレペリン検査

◆個人面接(2次試験)

▼小学校教諭

【質問内容】

□体罰をしている同僚がいたらどうするか。

□子どもとはどういう人だと思うか。

□子どもの人権を大切にするにはどうすればよいか。

□現在の子どもがかかえる問題は何があるか。

※個人面接では一分アピールがある。絵本の読み聞かせ(はらぺこあおむし，泣いた赤鬼などから1冊選び，どこから読んでもよい)を行い，最後に工夫した点を聞かれた。

◆模擬授業・討議(2次試験)　受験者6人

▼小学校教諭

※くじを受験番号順にひいて模擬授業をする。学年は自分で指定する。

※道徳か学級活動という設定であった。

※全員終わったら，グループでそのテーマの授業作りを行う。黒板を使ってもよく，司会はたてなくてよい。

・グループが3つあり，最後のチームは3時間待つことになったため順番を待つのにみんな疲れていた。

▼小学校教諭

・1次試験の集団討論とは，内容も柱だても全く違うので気をつけた方がよい。2次試験ではテーマ(ex:協力することの大切さ)が与えられ，特別活動または道徳の時間の導入5分の模擬授業を行ったあとに，討論が行われる。よりよい1時間の授業の流れやねらい，配慮事項等について話し合う。

▼養護教諭以外

※課題1～3のうち，1つについて討議する。

【課題1】
□模擬授業の主題：「お互いを尊重し合う学級づくり」
討議の課題：このグループで協力して，小学校5年生(中学校2年生，高校2年生)の子どもたちに，「お互いを尊重し合う学級づくり」について考えを深めさせる1時間の授業を立案することとします。どのような授業にするか討議してください。
【課題2】
□模擬授業の主題：「協力することの大切さ」
討議の課題：このグループで協力して，小学校5年生(中学校2年生，高校2年生)の子どもたちに，「協力することの大切さ」について考えを深めさせる1時間の授業を立案することとします。どのような授業にするか討議してください。
【課題3】
□模擬授業の主題：「感謝することの大切さ」
討議の課題：このグループで協力して，小学校5年生(中学校2年生，高校2年生)の子どもたちに，「感謝することの大切さ」について考えを深めさせる1時間の授業を立案することとします。どのような授業にするか討議してください。

▼養護教諭
※課題1～3のうち，1つについて討議する。
【課題1】
□模擬授業の主題：「朝食と健康」
討議の課題：このグループで協力して，中学校2年生の子どもたちに，「朝食と健康」について考えを深めさせる1時間の授業を立案することとします。どのような授業にするか討議してください。
【課題2】
□模擬授業の主題：「喫煙と健康」
討議の課題：このグループで協力して，中学校2年生の子どもたちに，「喫煙と健康」について考えを深めさせる1時間の授業を立案することとします。どのような授業にするか討議してください。

【課題3】

□模擬授業の主題：「熱中症の予防」

討議の課題：このグループで協力して，中学校2年生の子どもたちに，「熱中症の予防」について考えを深めさせる1時間の授業を立案することとします。どのような授業にするか討議してください。

◆実技試験(2次試験) 試験官 2～3人

▼小学校教諭

(体育)

【球技課題】

□ハの字ドリブルをして面接官とキャッチボール

【マット運動課題】

□後転を含む3つの連続技

【ハードル走課題】

□5つのハードルを跳ぶ。

※2つのレーンから選ぶ。

※各課題とも練習時間あり。

(音楽)

【ピアノ課題】

□「ふるさと」「春の小川」「とんび」から1曲選択して弾き語り。

※2番まで歌う。

※電子ピアノで行い，楽譜は持参する。

【自由演奏課題】

□自分の好きな楽器による演奏。

※ピアノやリコーダーが多いが自由。

※だいたい2分程度聞いてもらえる。

2013年度

◆集団面接・討議(1次試験)

【Aグループ討議課題】

□国際化が進展する社会の中で，私たちはどのような対応を心がけることが大切だと思いますか。みなさんで話し合ってください。

【Bグループ討議課題】

□人々の結びつきの強い地域社会づくりに向けて，私たちはどのような対応を心がけることが大切だと思いますか。みなさんで話し合ってください。

【Cグループ討議課題】

□高齢化が進展する社会の中で，私たちはどのような対応を心がけることが大切だと思いますか。みなさんで話し合ってください。

【Dグループ討議課題】

□情報化が進展する社会の中で，私たちはどのような対応を心がけることが大切だと思いますか。みなさんで話し合ってください。

【Eグループ討議課題】

□地球環境の保全に向けて，私たちはどのような対応を心がけることが大切だと思いますか。みなさんで話し合ってください。

◆模擬授業＋討議(2次試験)

▼養護教諭以外

【Aグループ模擬授業課題】

□思いやりの大切さ

【Aグループ討議課題】

□このグループで協力して，小学校5年生(中学校2年生，高校2年生)の子どもたちに，「思いやりの大切さ」について考えを深めさせる1時間の授業を立案することとします。どのような授業にするか討議してください。

【Bグループ模擬授業課題】

□働くことの意義

【Bグループ討議課題】

□このグループで協力して，小学校5年生(中学校2年生，高校2年生)の子どもたちに，「働くことの意義」について考えを深めさせる1時間の授業を立案することとします。どのような授業にするか討議してください。

【Cグループ模擬授業課題】

□伝え合うことの大切さ

【Cグループ討議課題】

□このグループで協力して，小学校5年生(中学校2年生，高校2年生)の子どもたちに，「伝え合うことの大切さ」について考えを深めさせる1時間の授業を立案することとします。どのような授業にするか討議してください。

▼養護教諭

【Aグループ模擬授業課題】

□薬物乱用の防止

【Aグループ討議課題】

□このグループで協力して，中学校2年生の子どもたちに，「薬物乱用の防止」について考えを深めさせる1時間の授業を立案することとします。どのような授業にするか討議してください。

【Bグループ模擬授業課題】

□ダイエットと健康

【Bグループ討議課題】

□このグループで協力して，中学校2年生の子どもたちに，「ダイエットと健康」について考えを深めさせる1時間の授業を立案することとします。どのような授業にするか討議してください。

【Cグループ模擬授業課題】

□飲酒と健康

【Cグループ課題】

□このグループで協力して，中学校2年生の子どもたちに，「飲酒と健康」について考えを深めさせる1時間の授業を立案することとします。どのような授業にするか討議してください。

2012年度

◆集団面接・討議(1次試験)

【課題】

□子どもたちに，豊かな人間性をどのように育んでいけばよいか，みなさんで話し合ってください。

【課題】

□子どもたちが夢や目標をもって生活するために，どのように支援していけばよいか，みなさんで話し合ってください。

【課題】

□子どもたちを社会全体で育てていくために，学校・家庭・地域はどのように連携していけばよいか，みなさんで話し合ってください。

【課題】

□子どもたちに，望ましい人間関係を築くことができる力をどのように育んでいけばよいか，みなさんで話し合ってください。

【課題】

□子どもたちが望ましい生活習慣を身に付けるために，どのように支援していけばよいか，みなさんで話し合ってください。

◆模擬授業＋討議(2次試験)　面接官4人　受験者6人　30分(模擬授業は5分)

▼小学校全科

【Cグループ模擬授業課題】

□「学ぶことの大切さ」

【Cグループ討議課題】

□このグループで協力して，小学校5年生(中学校2年生・高校2年生)の子どもたちに「学ぶことの大切さ」について考えを深めさせる1時間の授業を立案することとします。どのような授業にするか討議してください。

※テーマに沿って，15分で授業案を考える。

・くじを引き，順番に1人あたり5分間の模擬授業を実施(他の受験者は児童役)。

・模擬授業後，30分間の集団討議を行う(テーマについて1つの授業案を考える)。

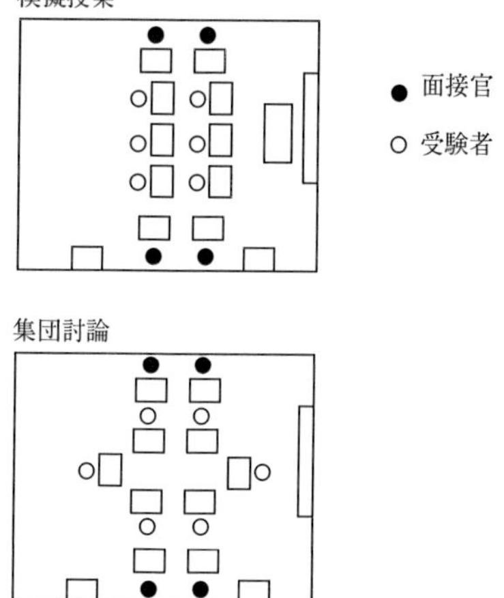

※集団討議では4人の面接官は，一定時間毎に席を移動する。

▼養護教諭以外

【Aグループ模擬授業課題】

□「家族の大切さ」

【Aグループ討議課題】

□このグループで協力して，小学校5年生(中学校2年生，高校2年生)

の子どもたちに「家族の大切さ」について考えを深めさせる1時間の授業を立案することとします。どのような授業にするか討議してください。

【Bグループ模擬授業課題】

□「ふるさとの大切さ」

【Bグループ討議課題】

□このグループで協力して，小学校5年生(中学校2年生，高校2年生)の子どもたちに「ふるさとの大切さ」について考えを深めさせる1時間の授業を立案することとします。どのような授業にするか討議してください。

▼養護教諭

【Aグループ模擬授業課題】

□「傷害の防止」

【Aグループ討議課題】

□このグループで協力して，中学2年生の子どもたちに「傷害の防止」について考えを深めさせる1時間の授業を立案することとします。どのような授業にするか討議してください。

【Bグループ模擬授業課題】

□「心の健康」

【Bグループ討議課題】

□このグループで協力して，中学校2年生の子どもたちに「心の健康」について考えを深めさせる1時間の授業を立案することとします。どのような授業にするか討議してください。

【Cグループ模擬授業課題】

□「生活習慣病の予防」

【Cグループ討議課題】

□このグループで協力して，中学校2年生の子どもたちに「生活習慣病の予防」について考えを深めさせる1時間の授業を立案することとします。どのような授業にするか討議してください。

◆個人面接(2次試験)　面接官3人　受験者1人　20分

▼小学校全科

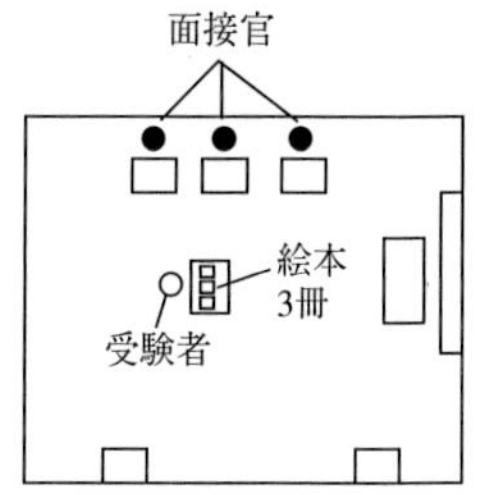

【質問内容】

□志望動機は。

□「確かな学力」について。

□思いやりの心についての指導。

□公務員としての心構え・気を付けたいこと。

□どんな学級にしていきたいか。

□人権について日頃から気を付けていることは何か。

□若者の言葉の乱れについてどう思うか。

□自分が司会をしていて，否定的な意見を言う人がいたらどうするか。

□自分勝手な行動をする子への対応は。

□絵本の読み聞かせとその感想。

◆実技(2次試験)

▼小学校全科

【課題】

(体育)

□陸上競技：ハードル走

□器械運動：マット運動：後転を含む3種目の組み合わせ

□ボール運動(ドッジボールを使用)：①ドリブル ②キャッチボール
□体つくり運動(短なわを使用)：二重跳びを含む3種類以上の跳び方，40秒間
□水泳(25m)：クロール又は平泳ぎ
(音楽)
□次の小学校の共通教材3曲の中から，当日自ら1曲を選択し，簡単なピアノ伴奏をつけての歌唱
「春の小川」「まきばの朝」「ふるさと」
□声楽，ピアノ又は他の楽器(和楽器を含む)による任意の楽曲の演奏

▼中高音楽
【課題】
□声楽，ピアノ又は他の楽器(和楽器を含む)による
任意の楽曲の演奏(伴奏なし)※電子楽器を除く
□次の3 曲の中から，当日指定された曲を，ピアノ伴奏をつけての歌唱
・「花の街」F dur　作詞：江間章子　作曲：團伊玖磨
・「早春賦」Es dur　作詞：吉丸一昌　作曲：中田章
・「帰れソレントへ」C moll　作詞：G.B. デ・クルティス
※原語・訳詞いずれも可
□次の合唱教材を歌いながらの指揮(演奏のポイントの簡単な説明を含む)
・「浜辺の歌」

▼中高美術
【課題】
□「生徒に示す参考作品」の制作
表現分野は「平面又は立体」(題材は当日指定)

▼中高家庭

【課題】

□被服製作(題材は当日指定)

□調理実習(題材は当日指定)

▼中高保体

【課題】

□マット運動：倒立前転を含む4種類の連続技

□ハードル走

□バレーボール，サッカー，バスケットボールから，当日自ら1種目選択

・バレーボール：①オーバーハンドパス②アンダーハンドパス

・サッカー：①リフティング②ドリブル③パス

・バスケットボール：①リバウンド②ドリブル③シュート

□柔道，剣道，ダンスから，当日自ら1種目選択

・柔道：①受け身②投げ技

・剣道：①体さばき②打突(素振り)

・ダンス：創作ダンス(「テーマ」に合った即興的な表現(テーマは当日指定))

▼中高英語

【課題】

□リスニング：対話文，説明文を聞いて内容を問うリスニングテスト

□スピーキング：グループディスカッションによるスピーキングテスト(テーマは当日指定)

▼養護教諭

【課題】

□救急法等養護に関する実技(テーマは当日指定)

2011年度

◆模擬授業

▼全校種(養護除く)

【課題】

□互いに認め合い，支え合う学級づくり

□家庭学習の大切さ

□きまりを守ることの大切さ

▼養護教諭

【課題】

□夏季の健康管理

□コンピュータなどの情報機器の使用と健康とのかかわり

□学校生活における感染症予防

◆集団討議

▼全校種(養護除く)

【課題】

□このグループで協力して，小学校5年生(中学校2年生・高校2年生)の子どもたちに『互いに認め合い，支え合う学級づくり』について考えを深めさせる1時間の授業を立案することとします。どのような授業にするか討議してください。

□このグループで協力して，小学校5年生(中学校2年生・高校2年生)の子どもたちに『家庭学習の大切さ』について考えを深めさせる1時間の授業を立案することとします。どのような授業にするか討議してください。

□このグループで協力して，小学校5年生(中学校2年生・高校2年生)の子どもたちに『きまりを守ることの大切さ』について考えを深めさせる1時間の授業を立案することとします。どのような授業にするか討議してください。

▼養護教諭

□このグループで協力して，中学校2年生の子どもたちに『学校生活における感染症予防』について考えを深めさせる1時間の授業を立案することとします。どのような授業にするか討議してください。

□このグループで協力して，中学校2年生の子どもたちに『夏季の健康管理』について考えを深めさせる1時間の授業を立案することとします。どのような授業にするか討議してください。

□このグループで協力して，中学校2年生の子どもたちに『コンピュータなどの情報機器の使用と健康とのかかわり』について考えを深めさせる1時間の授業を立案することとします。どのような授業にするか討議してください。

2010年度

◆個人面接(1次試験)　面接官3人　7～10分

・あなたが教員を志願する理由を1分程度で話してください。
・人間関係をよくするよう心がけていることはありますか。
・児童虐待を子どもに関わる立場からどのように防止しますか。
・障害者の人権問題をどう考えますか。
・ストレス解消法を教えてください。
・もったいないと思うことは何ですか。

◆模擬授業＋集団討論(2次試験)　1時間～1時間半

・模擬授業の課題「あいさつの大切さ」
・討議の課題「このグループで協力して，小学校5年生(中学校2年生・高校2年生)の子どもたちに『あいさつの大切さ』について考えを深めさせる1時間の授業を立案することとなった。どのような授業にするか討議してください。」

・はじめの5分で模擬授業(15分考える)，5分ずつ発表，5分経過時点で終了。その後，メンバーで，50分のこの授業をつくるための討議。(30分程度)

◆個人面接(2次試験)　20分

・なりたいと思う教師像は。

・自分の専門分野をどう活かすか。

・競争にあつくなりすぎる子にどう接するか。

・担任をしていないクラスの子に，クラスのことを相談されたらどうするか。

・虐待についてどう取り組むか。

・達成感をもってもらうにはどうするか。

・担任をもったときに取り組むこと。

・言語活動の充実にどう取り組むか。(専門とその他の活動について具体的に述べよ。2分考えて，3分発表。)

2009年度

◆個人面接(1次試験)　面接官3人　10分

・教員を志望した理由

・教員として，転機となったこと。(現職受験)

◆自己PR(1次試験)　個人面接の中で実施　1分

◆模擬授業＋集団討論(2次試験)　面接官4人　受験者6人　90分(ワークシート作成15分，授業5分，討論30分)

・受験番号順の6人程度のグループによる，模擬授業と討議

① 試験官による説明とテーマを聞く。
「働くことの大切さ」を指導する授業の，導入5分間分の構想。授業順は，その場のくじで決定。
② 15分間で，ワークシートに構想を書く。対象学年は各自で決定。ワークシートは，いったん提出。自分が授業するときは返させる。
③ 一人ずつ，前で授業をする。板書，指名等自由に。他の受験生は，子ども役として授業に協力する。
④ 模擬授業を受けて，グループでそのテーマの授業の構想を完成させる。時間は，30分間。自分たちで自由に話し合うため，特に進行の指示はなし。個人に白紙のメモ用紙を渡されるのみで，グループとしての記録の完成品を要求されるわけではない。黒板を使ってもよい。試験官4人は，時間を区切って座る位置を変えて観察。

◆個人面接(2次試験) 面接官3人 20分(［小］は絵本の読み聞かせ3分を含む)
・今，学校に求められていることは。
・求められている教師像とは。
・今述べた，教師像について具体的に言うと？
・子どもが求める教師像とは。
・授業中にある子どもの発言に対してあざ笑うような反応がでたときにどうするか。
・「個を活かす」とは。
・今述べた，個を活かすことについて，具体的に言うと。
・自分の経験を活かして，どのような実践をしようと思うか。
・子どもを，最近よく起こるような事件から守るには。
・絵本の読み聞かせ……3冊(「ろくべい まってろよ」「さっちゃんの魔法の手」「？」)の中からその場で1分程度で選択。試験官に対して3分間の読み聞かせをする。その後，今の読み聞かせについて，自分でどう思うかについての質問に答える。

2008年度

◆摸擬授業及び討議

【小中高／2次】

○第1グループ

模擬授業主題「ボランティア活動の意義」

討議テーマ：このグループで協力して，小学校5年生(中学校2年生・高校2年生)の子どもたちに『ボランティア活動の意義』について考えを深めさせる1時間の授業を立案することになった。どのような授業にするか。

○第2グループ

模擬授業主題「年度初めの学級のスタートに当たって」

討議テーマ：このグループで協力して，小学校5年生(中学校2年生・高校2年生)の子どもたちに『年度初めの学級のスタートに当たって』について考えを深めさせる1時間の授業を立案することになった。どのような授業にするか。

○第3グループ

模擬授業主題「登下校の交通マナー」

討議テーマ：このグループで協力して，小学校5年生(中学校2年生・高校2年生)の子どもたちに『登下校の交通マナー』について考えを深めさせる1時間の授業を立案することになった。どのような授業にするか。

【養護教諭／2次】

○第1グループ

模擬授業主題「朝食の大切さ」

討議テーマ：このグループで協力して，中学校2年生の子どもたちに『朝食の大切さ』について考えを深めさせる1時間の授業を立案することになった。どのような授業にするか。

○第2グループ

模擬授業主題「歯と健康」
討議テーマ：このグループで協力して，中学校2年生の子どもたちに『歯と健康』について考えを深めさせる1時間の授業を立案することになった。どのような授業にするか。
○第3グループ
模擬授業主題「生活リズムと健康」
討議テーマ：このグループで協力して，中学校2年生の子どもたちに『生活リズムと健康』について考えを深めさせる1時間の授業を立案することになった。どのような授業にするか。

2007年度

◆集団面接／1次／校種不明
○1分間程度の志望動機(必須)
○空前のペットブームであるが，生き物を飼う習慣について，あなたはどう思いますか。
○集団の中で満足感を得られるときはどんなときですか。
○高齢化社会を向かえますが，あなたが高齢者に対してしていることはどのようなことですか。
○公務員として，どのようなことに気をつけますか。
○初対面の人にどのように接しますか。
○児童虐待について，どのように防ぎますか。また，どうしたらなくなると思いますか。
○集団の中で，誰かと一緒に行動するときにあなたができることはどのようなことですか。

以上のことを，志望動機は全員必須で，残りは3～4問質問されました。どの教科も，前年度に比べ，かなり突っ込まれて聞かれるようになったみたいです。『そこのところを具体的に教えていただきますか』や『なぜ，そう思っているのか』など，昨年では見られなかったです。

◆集団討論①／1次／全校種

Aグループ

主題「いのちの大切さ」

討議テーマ「このグループで協力して，小学校5年生(中学校2年生・高校2年生)の子どもたちに『いのちの大切さ』について考えを深めさせる1時間の授業を立案することになった。どのような授業にするか。」

Bグループ

主題「友だちの大切さ」

討議テーマ「このグループで協力して，小学校5年生(中学校2年生・高校2年生)の子どもたちに『友だちの大切さ』について考えを深めさせる1時間の授業を立案することになった。どのような授業にするか。」

Cグループ

主題「夢を持つことの大切さ」

討議テーマ「このグループで協力して，小学校5年生(中学校2年生・高校2年生)の子どもたちに『夢を持つことの大切さ』について考えを深めさせる1時間の授業を立案することになった。どのような授業にするか。」

◆集団討論②／1次／中学校

Aグループ

主題「いのちの大切さ」

討議テーマ「このグループで協力して，中学校2年生の子どもたちに『いのちの大切さ』について考えを深めさせる1時間の授業を立案することになった。どのような授業にするか。」

Bグループ

主題「友だちの大切さ」

討議テーマ「このグループで協力して，中学校2年生の子どもたちに

『友だちの大切さ』について考えを深めさせる1時間の授業を立案することになった。どのような授業にするか。」

Cグループ

主題「夢を持つことの大切さ」

討議テーマ「このグループで協力して，中学校2年生の子どもたちに『夢を持つことの大切さ』について考えを深めさせる1時間の授業を立案することになった。どのような授業にするか。」

◆実技

▼1次／小学校

○音楽

・歌唱…任意の歌曲に簡単なピアノ伴奏をつけて歌唱

・ピアノ…任意のピアノ曲

○体育

・実技1　跳び箱運動・マット運動(台上前転，マットで後転を入れた3種目連続技)

・実技2　基本の運動　8の字ドリブル，ボール投げ

・実技3　基本の運動　なわとび(組み合わせ連続跳び，二重跳び)

・実技4　水泳　クロールまたは平泳ぎで25mを泳ぐ

▼1次／中高音楽

○ピアノ…任意のピアノ曲

○歌唱…当日指定された歌曲(4曲)から1曲選曲し，ピアノ伴奏をつけ歌唱　「浜辺の歌」「Beautiful Dreamer」「Caro mio ben」「Seligkeit」

○合唱指揮…当日指定された合唱教材を歌いながら指揮　「かやの木山の」

▼1次／中高美術

○絵画・デザイン「絵で表現し，絵にあった額縁をつくる」

▼1次／中高保体
・実技1　共通(マット運動，ハードル走)
・実技2　選択(球技：バレーボール，バスケットボール，サッカーから1つを選択)
・実技3　選択(武道・ダンス：男女共に柔道，剣道，ダンスから1つを選択)

▼1次／中学技術
○いろいろな大きさの本や雑誌，新聞，書類等を整理するラックやボックスの製作(木工)

▼1次／中高家庭
・被服…ギャザースカート
・食物…錦糸卵の調理

▼1次／中高英語
○テーマを与え，2つの立場に分かれて英語でディスカッション

▼1次／養護教諭
・止血法　①右前腕，②右上腕，③左下腿
・心肺蘇生法

2006年度

◆個人面接／1次／養護
(面接官3名，時間10分)
○教員になる動機

○あなたが組織や学校の中で気をつけていることはなにかあるか。
○人に思われていると感じるのはどんなときですか。
○子どもがあいさつをしなくなったがどう思うか。
○子どもは親の背中を見て育つというが，あなたが大人として子どもと関わるときに気をつけていることは何か。
○健康のために何か気をつけていることはあるか。または，これからしたいこと。
○子どもに見られたくないことはあるか。
○携帯電話での対応で気をつけていることはあるか。
○ごみを不法投棄することについて，どう思うか。子どもがごみを捨てるのを見たらどうするか。

◆個人面接／1次／小学校
(面接官3名，時間10分)
○志望動機を1分以内で。
○人から言われてうれしかったこと。
○人を傷つけることについてどう思うか。
○不法投棄についてどう思うか。
○挨拶の重要性について。
○最近挨拶を自分からしない人が多いが，それについてどう思うか。
○集団の一員としてあなたが気をつけること。
○ポイ捨てする人についてどう思うか。
○自分が周囲の人から大切にされてると感じたこと。
○あなたが地域のサークルのリーダーを任されたら，どう行動するか。
○個人を発揮できる集団とは。
○あなたが健康の為に気をつけていること，今後気をつけていきたいこと。
○子は大人の背中を見て育つというが，あなたが大人として気をつけていること。

○教師として子どもの前でこれだけはしてはいけないということ。
○電話をかける時に気をつけること。

◆集団面接／2次／校種不明
○テレビを見る時間など，家庭での過ごし方について学校が指導すべきか。
○児童生徒に制服は必要か。
○学校にチャイムは必要か。

2005年度

◆個人面接／高等学校・地理歴史
(面接官3人，時間8分程)
○教員を志望した動機(1分程度)
○あなたが人とコミュニケーションをとる際に普段心掛けていることは何ですか？
○最近では教員に高いモラルが求められると言われていますが，それは何故ですか？またそのためにはどうしたらよいですか？
○くじけたり失敗したときあなたはどうしますか？
○現代社会はコミュニケーションが取りやすい社会だと思いますか？そしてその理由は？

◆個人面接／小学校
(面接官3人，時間10分)
○お年寄りを大切にするとはどういうことですか
○あいさつをどのように今までしていたか，自分の体験も踏まえて言って下さい
◆集団面接テーマ
Aグループ　子どもの躾は，学校がすべきである。

Bグループ　子どもには，毎日宿題を出すべきである。

Cグループ　夏休みを，もっと短くすべきである。

2004年度

◆個人面接／1次

〈実施方法〉

面接官3名，約10分間

〈質問内容〉

○教師志望動機1分

○今まで体験した中で1番感動したこと

○今の子どもは体験不足といわれているが，どう思うか

○子どもに体験学習で伝えたいこと

○人権侵害とは

○人権侵害はなぜおこるのか，なくすには

○公務員として地域の人々に信頼を得るためには

◆個人面接／1次

面接官3名，約10分間

〈質問内容〉

○志望動機(1分以内で)

○携帯について

○髪を染める生徒について

○人権問題

○友人とのつき合いで困ったことは？　また，そのときどうしたか

○地域・保護者から信頼されるために，あなたはどうするのか？

◆個人面接／1次

面接官3名，約10分間
〈質問内容〉
それぞれの事を聞かれる
○何故教師になりたいと思ったか。1分以内で答えなさい。
○あなたが人と付き合うことで心がけていることは？
○今まで人間関係で苦労したことはどんなことですか。
○今現在あなた自身ストレスを感じているか。
○セクシャルハラスメントについてどう思うか。
○子どものマナーについてどう思うか。
○子どもの人権についてどう思うか。
○公務員として大人とどう接するべきか。

◆実技試験／1次／小全
音楽…任意のピアノ曲，歌唱教材に簡単な伴奏をつけて歌いながら弾く。3分程度(2曲で)
体育…なわとび(3種を連続してとぶ。30秒間)
ドリブル(コーン5つ分を行きは足で，帰りは手で)
マット運動(回転技を3つ)

◆個人面接／1次／小全
面接官3名，約10分間
〈質問内容〉
○志望動機を1分程度で。
○人権問題には，どんなものがあるか。
→解決する為にはどうすればよいと思うか。
○人間関係で困ったことは？
→その時，自分はどう対処したか。
○公務員として，どうあるべきか。

◆実技試験／1次

音楽　約3分，今年は，電子ピアノ→ピアノに変更。あとは，毎年同じ。

体育

○マット(3種類の連続技)

○なわとび(3種類)

○ボール(ドリブル手と足で)

・練習は1回あるがないようなもの。

・待ち時間が長い。(13：50～18：15)

◆個人面接／1次

面接官3名，約5～10分間

〈質問内容〉

○セクハラについて，どう思うか。

○茶髪についてどう思うか。

○信頼関係をつくるために平素あなたがしていること。

○信頼される学校とは？

○体験活動で体験してあなた自身が感動したこと。

◆個人面接／1次

面接官3名，約8～10分間

〈質問内容〉

※全て真ん中の面接官による質問でした。

○教員志望動機を1分間で答えなさい。

○セクシャルハラスメントについてどう思うか。

○ストレス解消法は何か。

○携帯電話のマナーについてどう思うか。

○保護者や地域から信頼される学校にするためにはどうすればよいか。

2003年度

◆個人面接

・志望動機

・情報化社会がいっそう進展しているが，その中であなたが取り組んでいることとは何で　すか。→情報化社会のマイナス面もあるが，それに対してあなたはどう対処しているか・最近の若い人は礼儀を知らないと言われているが，それについてあなたはどう思いますか。→あなたが礼儀について日頃気を付けていることは何ですか。

・現在「安らぎ」という言葉がよく使われているが，なぜ求められているのか。

・あなたにとって安らぎとは？

・環境問題が深刻化していますが，このことについてあなたはどう思いますか。

・今のこどもに不足しているものと，それに対するあなたの指導は？

・最近個人の「個性」について叫ばれているが，あなたはどう思いますか。

・あなたの「ほっ」とする瞬間は？

・ストレス解消法は？

・「癒し」という言葉がよく使われていますが，その背景にはどんなことが考えられる

・人権教育をどう思いますか。どのように行うべきか。

・個性を尊重するにはどうするか。

・「お年寄りを大切に」とはどういうことか。

・山口県出身の童謡詩人：金子みすずの詩「みんな違ってみんないい」とはどういうこと　か。

・子供の人権についてどう思うか。

・高齢化社会について

・高齢者の生きがいとは？

・人間関係が希薄と言われているが，どう思うか，どうすればいいか。
・人間関係作りが苦手な子にどんな指導をすればよいか
・子供を叱るときの留意点は？
・情報通信機器の使用について気を付けていることは何ですか。
・子どもにどんな生き方をして欲しいか。
・生活体験，社会体験を多くしている子供はしてない子供よりも優れていると思うか。
・サークルなどの活動で，個人の良さを見つけるには，どうしたらいいと思うか。
・サークルの中の一人一人がしっかり参加するにはどうしたらよいですか。
・モラルとは？
・学級作りにどう取り組むか。
・不登校の子供が増えているがこれはどうしてだと思いますか。
・不登校の子供に対する対応はどうしたらいいと思うか。
・ボランティアについて必要性が言われているがボランティアで子供のどんなところが伸　ばせると思うか。
・子供の社会性を身につけさせるためには具体的にどんなことが必要だと思いますか。
・養護教諭としてどんな活動をしていきたいですか。
・養護教諭として子供たちに関わるときどんなことを大切にしていきたいですか。
・地域で子供を育てるとはどういう事か。
・困難にぶち当たったらどうするか。
・先生が力を合わせる事が大切と言われているがどう思うか。
・地域に信頼される学校とは？　　(養護2次　15分)

◆集団面接・集団討論

Ⅰ：「こどもと遊園地」「こどもとキャンプ」「こどもとプール」

Ⅱ：大テーマ「養護教諭の役割」

A～Fまで小テーマが配布される。10分間自分の意見をまとめる。一人5分間で教壇に立って発表。

小テーマ

・保健室に来室する児童生徒に配慮すること

・健康診断後の事後措置で配慮することについて

・疾病を持つ児童生徒と家族への配慮について

・保健管理を行う上で配慮すること(養護2次)

＊あるトピックに対し，賛成派と反対派に分かれ討論。トピックの提示，試験監督が英語で説明。その後，5分で各自意見をまとめ，発表してから討論。40分間。

トピック・「ネット・ショッピングはお店に買い物に行くよりよい」

・「鉛筆の方がシャーペンよりも良い」(高校英語)

＊「最近塾の先生の方が教え方が上手だという保護者の声があるが，そのことについてあなたはどう考えるか。

第3部

論作文の書き方

論作文試験実施のねらいと受験対策

論作文試験の実施状況

論作文試験の実施形態

論作文試験は現在，ほとんどの都道府県・政令指定都市で実施されている。論文試験あるいは作文試験を正式に試験科目として募集要項に明記していなくても，教職教養などの枠の中で事実上の論作文試験を実施している自治体を含めると，論作文試験はほとんどの自治体で行われていることになる。

教職・専門や面接と並び，論作文試験は今や教員試験の重要な試験科目の1つとなっている。近年の教員試験の選考方法の多様化の傾向の中で，論作文はどの県・市でもその重要性が注目され，今では教員試験の突破には論作文試験対策なしでは考えられないようになっている。しかし，最も対策が立てにくいのも論作文試験である。

論作文試験について考えてみると，教職・専門教養試験とは異質な，ということは逆に面接試験とかなり性質の近い試験だという通念がある。これはある程度当たっていよう。

ただ，試験の実施時期の方は，面接試験はほとんどの教育委員会が2次中心に実施しているのに対し，論作文試験は1次試験で実施する県と2次試験で実施する県にわかれ，県によっては両方で実施するケースもある。そもそも1次試験というのは，教師として最低限必要とされる知識を有している人物を選び出し，教師としての適性のある人を2次選考にかけるという性格のものであるから，試験方法の多様化により一概にはいえないが，それでも重要な比重を占めているといえる。

つまり実施時期から見ても，やはり重視傾向がうかがえるということになる。実施県数の多さと実施時期との両面から見て，「論作文試験は予想以上に重視されている」ということがわかってきたが，なぜ重視されているかについては後述することにして，ここではさらに，論作文試験の実施概要についてまとめておくことにする。

試験の実施スタイル，つまり試験時間，字数制限などについて見てみよう。

まず，試験時間について。短いところでは35分から，長いところでは150分まで，様々だ。

90分とか80分という県については，教職教養や，一般教養とあわせて，という例が多く，実質的には50分から60分の範囲にはいるものと考えてよい。それも含めて総体的に見ると，試験時間を60分としているところがほとんどである。1時間という単位そのものは，生活感覚からいっても感じがつかめるはずだ。

字数のほうは，多くて2000字，少なくて400字というところで，もっとも例が多いのは800字。中には無罫とか字数制限なしというところもある。

したがって，60分・800字というスタイルが，標準的なラインと考えて良い。この制限の中で文章をまとめる練習をするのが，基本的準備の1つとなろう。字数・制限時間については，志望県の出題傾向も含めて考えておくようにしたい。少なくとも全般的に見て，時間内に書き上げるのが精いっぱい，というところが多いようだ。事前の練習がものをいう。

論作文試験の出題傾向

論作文試験の課題についてはいくつもの分類方法があるが，ここでは，

A　教師を志した動機・教職につく場合の心構え等についての出題
B　教育観・教職観・学校観等についての出題
C　具体的指導等についての出題
D　一般的課題による出題

以上の4つのグループに分類してみた。実際にはその4つにきれいに分類しきれるものではないが，とりあえず次のようになったので，ご

覧いただきたい。

A. 教師を志した動機・教職につく心構え等

- 信頼される教師になるために，あなたが最も努力したいと思っていることについて，できるだけ具体的に述べなさい。
- 「教育は人なり」といわれるが，あなたは教師となった時，どんなことに心がけて教師生活を送りたいか。
- あなたが教師になった時，校長・教頭や先輩の教師，児童(生徒)の父母，地域の人々との人間関係において，何を大切にしたいと思いますか。自分の生活経験をもとに具体的に書きなさい。
- 教職を志すにあたって，恩師に宛てた書簡。
- 「豊かな人間性」「指導力」「使命感」の3つの観点より1つを選び，教職を志すあなたの抱負を具体的に述べなさい。
- あなたにとって児童・生徒とは何か。

B. 教育観・教職観・学校観等

- 「人と人の出会い」は人生を左右するともいわれるが，これについてあなたの経験に触れながら，教師としてどのように努力していくかを述べよ。
- 今，求められている教師とは。
- 意欲を高める授業をするためには，どのようにすればよいか。あなたの体験を通して述べよ。
- あなたの現在の性格の特徴は，あなたの生育史を通じてどのように形成されてきたかを書け。
- 児童(生徒)をほめることについて。
- 子供の心に残る一言。
- 真の教育者とは。
- 教師に望まれる資質とは何か。
- 教師に何ができるか。

C. 具体的指導等

- 最近，社会の価値観が多様化する中で，生徒指導の面などから「校則」を見直す動きがあるが，校則についてあなたの思うところを述べなさい。

- 児童・生徒の科学的な物の見方や考え方を育てる上で，コンピュータなど情報機器の果たす役割には大きいものがある。この観点から，これからの情報教育のあり方についてあなたの考えを具体的に述べよ。
- 学年を自分で選び，児童向けの「学級目標」を作成し，その意図する理由を述べよ。
- 新年度が始まり2カ月ほどたったころ，それまで元気に登校していた3年生のA君が1時間も遅刻をした。しかも廊下で泣いており，教室に入ろうとしない。この時，学級担任としてA君にどのように接するか，具体的に書きなさい。

D. 一般的なテーマ

- 姿。
- 心の豊かさ。
- 科学技術と人間。
- 私と読書，マスコミと子供，他。
- いま忘れられているもの。
- 思いやり，暗中模索。
- 現代若者気質——その強さと弱さ。
- 情報化社会について。
- 躾について。
- 「創」について。

以上が，過去の論作文試験で出題されたもののうち主なものを拾って分類してみた結果である。

Aのグループは，教育の場に身を投ずるにあたっての心構えや動機，あるいは情熱のほどを書かせるもので，一般企業の入社試験でも「当社に就職するにあたっての……」という形でよく出題されているものだ。きわめて一般的な課題で，最近は少しずつ減る傾向にあるが，それでもしばしば見受けられる。最初の面接でもよく聞かれる内容であるので，明確な志望理由，一教育者としてのビジョンを明確にしておきたい。

Bは，教育や教職，学校を大きな観点から考えさせるもので，Aグループが減少する一方でふえてきているのが，このグループに属する課題。論作文の内容は，教育とは何か，教師とはどうあるべきか，学校教育とは何かなどを述べる形になるが最近の傾向として，時事的要素を含む形での出題が目につくようになってきている点に注意しておきたい。

最近の出題傾向の特色を最も明瞭なものにしているのは，Cに属するグループだ。生徒指導・学習指導について具体的に書かせるというタイプの課題で，このところ急にふえてきている。大阪などの出題例では，課題そのものがかなり具体的な形をとっている。指導の具体的場面を考え，それに対する考えや具体的な指導方策を論述することは，教師の経験のない者にとっては難しい。しかし，単なる理想論でなく，実際の教育場面でも生かされる考えをもっているかどうかを問うものだけに，対策も慎重にしたいところだ。

Dについては，減少傾向にあると考えてよいが，テーマがぼんやりしたもの，大きな内容をもつものであることが多く，書きづらいだけに無視できない。

全般的な出題傾向の概要は以上のとおりだが，都道府県単位で見ると，出題傾向は比較的固定しているようだ。したがって，過去数年間の出題傾向はそのまま来年度の予想のデータにできる。もちろん例外はあり，それがB・Cグループの増加という形になっているわけだが，基本的にはなお，志望県の出題傾向を知っておくのはきわめて有効なことであるはずだ。

論作文試験実施のねらいと評価

論作文試験実施のねらい

論作文試験のねらい――というとき，2つの要素が考えられる。1つは論作文試験を実施するねらい，もう1つは課題設定上のねらいだ。

各都道府県市教員採用試験における論作文試験の実施概要

①：1次試験で実施　②：2次試験で実施　③：3次試験で実施　―：実施しない
〈凡例〉全校種：全校種共通　小：小学校　中：中学校　高：高校　特支：特別支援学校教諭　養：養護教諭　栄：栄養教諭
特選：特別選考　現職：現職教員　教経：教師経験者　社：社会人経験者

北海道・札幌市	[社]②　60分／800字
青森県	[全校種]②　50分／601字以上800字
岩手県	[小・中][高・養]①　70分／1000字
宮城県	―
仙台市	―
秋田県	[小・中][高][特支][養][特選]②　50分／600字
山形県	[全校種]②　50分／800字　[特例選考]①　80分／1000字
福島県	[小][中][養]②　45分／800字　[高]②　50分／900字　[特支]②　50分／900字
茨城県	[小・中][養][栄]②　60分／600～800字　[高]②　90分／800字　[特支]②　90分／1200字
栃木県	[全校種]②　50分／600～1000字
群馬県	―　**※2024年度試験より廃止**
埼玉県	[高・特支]②　60分／800字　[小・中・養・栄]②　60分／800字
さいたま市	[小・中・養]②　45分／800字　[特選]①　80分／1200字
千葉県・千葉市	[特選][特例選考]①　45分／800字
東京都	[全校種]①　70分／1050字
神奈川県	[小][中][高][特支][養]②(試験は1次試験で全員に実施)　60分／600～825字
横浜市	[小][中・高][高][特支][養]②(試験は1次試験で全員に実施)　45分／800字
川崎市	[小・中][特支][養]②(試験は1次試験で全員に実施)　60分／600字
相模原市	―
新潟県	―
新潟市	―
富山県	[小][中・高][特支][養][栄]①　50分／800字
石川県	―
福井県	[全校種]②　60分／800字　[特選]②　50分／600字
山梨県	[全校種]②　50分／800字
長野県	[小・中・特支・養(小・中)]①　60分／800字　[高・養(高)]①　45分／800字
岐阜県	[小・中・養・栄]②60分／800字　[高・特支]②60分／800字
静岡県	[高]②　60分／800字　[教経]①　60分／800字
静岡市	[教経]①　60分／800字
浜松市	[教経]①　60分／800字　[小・中・養]②　(学校教育に関するレポート課題)60分／800字
愛知県	[全校種]①　60分／900字
名古屋市	[全校種]①　50分／指定無し
三重県	[全校種]②　60分／全3問／250～300字×3題　[社・スポーツ]①　40分／800字
滋賀県	[小・中・高・特][養][栄]①　30分／600字
京都府	[全校種]①　40分／字数制限なし(B4・罫線30行)
京都市	[小][中][高][特支][養][栄]②　40分／600字×1題,5行程度×1題　[社][特選]①　30分／800字
大阪府	[小][小・特支]②　選択問題と合わせて120分／450～550字
大阪市	[教経]①　90分／1000字
堺市	[小]②　選択問題と合わせて120分／500字程度
豊能地区	―
兵庫県	―
神戸市	―　**※2024年度試験より廃止**
奈良県	―
和歌山県	[小・中・高][特][養]②　60分／800字程度
鳥取県	―
島根県	[全校種]①　40分／350～400字程度(教職・専門と合わせて実施)
岡山県	[全校種]②　60分／800字　※2021年度～2024年度は中止
岡山市	―
広島県・広島市	―
山口県	[全校種]②　50分／800字
徳島県	[全校種]①　80分／800字
香川県	―
愛媛県	[全校種]②　60分／1000～1200字
高知県	―
福岡県	―
福岡市	[特選]①　50分／800字
北九州市	―
佐賀県	[小・中][高][特支][養][栄]②　60分／800字
長崎県	―
熊本県	―
熊本市	[小・中・高][養][栄]②　60分／800字
大分県	[社]①　80分／1200字
宮崎県	―
鹿児島県	―
沖縄県	―

実際には，1つのねらいを持って論作文試験の実施が決定され，さらに細かいねらいのもとに，課題が設定され，また採点・評価されるということになる。この2つの要素が密接不可分のものであるのは言うまでもないが，ここでは便宜上，2つに分けて考えていくことにしたい。

まず，論作文試験を実施するねらい，意図について考えてみよう。

論作文試験というのは，実施サイドからいうときわめて手間のかかる試験だ。これは採点・評価の時点で，他の教職・一般教養・専門試験の多くの場合のように，正か誤かを振り分けていく形で行われる“単純”なものではないからだ。それにもかかわらず実施県が増加傾向にあり，しかも全員が受験する1次試験での実施も増加しつつあるというのは，それだけこの試験が重視されていることを示していると考えてよい。なぜか。

少し前までは，教員採用試験といえば，教職教養と専門教養が最重視されていた。これは，より高度な知識・学力を身につけた人を採用したいという意図によるものだった。次いで，教師も一般的な常識を持っている必要があるという考えから，一般教養にもウエイトがかかってきた。ところが，教育界がかかえている諸問題はなかなか改善されず，逆に教師の“登校拒否”すら見られるような状況が出てきた。そこで，それまでの知識偏重型を改め，それまでは最後の確認という色彩の強かった面接にもウエイトをかけるようになった。面接が，面接試験になったわけだ。同時に，実技試験や論作文試験の導入も各県で活発化してきた。「知・徳・体」のバランスのとれた教員の採用が，ようやく本格化しだしたことになる。

さて，「知・徳・体」という要素のうち，知的要素を加味した徳の部分を見ようというのが面接試験と論作文試験ということになるが，面接試験の場合，10分とか20分とかの短い時間では，受験者の人間性をつぶさに観察することは難しい。しかもここ2～3年は，周到な準備をして面接試験に臨む受験者が多くなったため，いっそう見抜けない部分が出てきている。よく「最近の受験者は，まじめでソツがないタイプが多い」と言われるのも，面接試験におけるこのような背景があるためだ。そこで，面接試験とともに論作文試験にも注目して，より深く，受験者の人間性，教師としての適格性を見よう，ということになった。これが，論作文試験重視というここ数年の傾向の流れだ。もちろん，実施のねらいの基本も，この点にこそあるのだ。

論作文試験実施のねらいを，重視化の流れのなかで見てきたわけだが，長々と説明したのにはわけがある。これほど重視されているにもかかわらず，現在の教員志望者のなかには，なお論作文試験を軽視し，ほとんど準備も対策もないまま試験に臨んでいる人が，まだまだ多いためだ。もちろん県によっては，その程度の重視度のところもある。しかし，それは例外だと考えたほうがよい。

ひと口で言うと，「人間性を見る」ということが大きなねらいとなっているわけだが，古くから「文は人なり」といわれているように，論作文試験では受験者の“人物”がかなりよく判定できるようだ。まず文をきちんと書けるかどうか，どんな考え方をしているのか，用字・用語は正確か，あるいは構成力はどうか，さらにどんな性格で，どれだけ教育に関心と情熱を持っているか――。他のペーパーテストでは見えてこない側面，面接試験でもはっきりしない側面が，まさに明瞭に浮かび上がってくる。この点を，常に頭に置いて準備しなければならない。

出題のねらい

次の，課題ごとのねらい，つまり出題意図についてみてみよう。ここでも便宜上，先に用いたA～Dの分類によってみることにする。

まず，A. 教師を志した動機・教職につく場合の心構え等の出題について。このグループに属する出題のねらいは，教育に対する情熱や使命感，さらには子供への愛情などが中心であるといえる。いわば，その人その人の教育愛，教育への姿勢そのものが問われているわけで，テーマとしては，オーソドックスなものだが，それだけに自分らしさを表現しにくいテーマでもあろう。

次にB. 教育観・教職観・学校観等の出題について。このグループに属する課題は，Aのグループにかなり近い要素を持っているが，Aの場合が教育へ向けての姿勢を問うているのに対して，Bのほうは，受験者がこれから入ろうとしている教育の世界について，どれほどの認識を持っているのか，あるいはその世界における諸問題についてどういう考え方を持っているのか，といった点を問うというねらいがある。このあたりのねらいの差は，正確につかむことが必要だ。

Bグループのテーマといえば，「魅力ある教師とは」とか「私の描く理想の教師像」あるいは「こんな教育をしたい」というようなものが基本的なものだが，「教育的愛情とは」などのようにAグループ的要素も含んだ課題，「昨今の学校をとりまく状況から学校に厳しさを求める意見が高まっている。これについて自分の意見を述べよ」などのように，時事的問題に関する知識までをも求めているような課題など，いろいろなバリエーションがある。Bグループの場合，基本的には教育や教職の本質についてその受験者がどう考えているかを見るのがねらいであるが，単なる抽象論を答えてもらうのではなく，その人なりの人格や考え方，さらには教育界についてのトータルな知識の有無等について知ろうというのが大筋としてのねらいになっているから，十分に注意しよう。

C. 具体的指導等についての出題は，ねらいとしても個々別々のものがあるから，1つにまとめてそれを表現することは不可能だが，総体的には，各受験者が教師として現場に入った場合，どれだけの指導性を発揮できるのか，その潜在能力を探ろうというねらいがあることは確かだ。出題のしかたは，だいたい「……する(させる)ために，あなたはどう指導するか」というスタイル，つまり，かなり具体的な設定のもとに課題が構成されることが多く，回答文もそれに応じて個別的・具体的に書かれているかどうかがチェックされることになるが，課題がいくら具体的設定にもとづいたものであっても，総体的な資質を見るねらいがあることには注意しておきたい。個々の事象について，どのような指導を行うか，行うことができるかという設問パターンから，実は総合的な指導力，資質を知ろうとしているわけだ。

D. 一般的なテーマの場合は，各受験者の人間性，あるいは文章構成力そのものを見ることが主眼となる。文章による面接試験的色彩が強いとも言えよう。教員採用試験としての論作文試験のなかでは，教育，教職といった要素が最も希薄な課題であるが，教師としての適格性を見ることが基本的なねらいである点で，他のグループと全く変わりはない。このような出題の場合，回答が強引に教育に関係させたものであっても，教育とはとりあえず関係のないものであっても，ねらいという点から見れば，どちらでもかまわない。

論作文試験の評価・判定

千差万別の答案ができる論作文試験結果の判定は，どのように行われるのだろうか……。受験者にとっては，この点が常に不安になるところだ。多数の受験者による答案を判定するには，当然複数の採点者があたることになる。ここで，合否・採点基準にずれが生じないかどうかが不安の大きな要素の1つとなっていよう。結論からいうと，その心配はほとんど無用だ。各県とも合否基準は明瞭な形で設定されており，いわゆる「印象点」が入り込む余地は原則的にはないのだ。模範答案例というものはない(実際問題として，各人各様の答案が書かれる試験では，模範答案例を作っても採点基準にはなりにくい)が，評価・判定上のチェック・ポイントは定められている。そのチェック・ポイントをふまえながら，実際には主として指導主事や校長レベルの人が評価・判定を行うことになる。

次に，評価・判定のしかたについて少し見ておこう。具体的には，どのように評価・判定して，採否の基準にするか，ということだ。これは，県によりまちまちで一定していないが，タイプとしては次の3種類のパターンに分けられる。1つは10点満点または100点満点で採点する方法，1つはA～Dのように3～5段階程度にランクづけするという方法，そしてもう1つは合否のいずれかに振り分ける方法だ。まず点数化する方法の場合は，他の教職・一般教養や教科専門などの試験結果との合計で合否に生かすという例が多い。したがって比重は他の試験と同等かそれに近いものと考えてよい。逆に合否の判定だけのところは，大過ない答案でありさえすればよいだけに，比重もかなり低いと考えられる。最後にランクづけによる評価・判定の場合だが，現実的には他の試験結果が合否ライン上にある人の場合に判定要素になる，という例が多いようだ。

現状では，ランクづけによる評価・判定方法が多くとられているようだが，今後は点数化による方法がふえるものと見てよい。論作文試験の比重も，それだけ高くなるということだ。

なお，面接試験の待ち時間に書かせるというような場合は，合否判定の基準にするというよりも，面接の資料にするというような性格が強い。

では，評価・判定にあたって，答案のどのようなところが見られるかについて見てみよう。大きな要素としては2つある。1つは文章について，もう1つは内容についてだ。

文章関係では，まず，誤字・脱字等，用字用語面がチェックされる。受験者のなかには，これらの点はあまり評価・判定に影響しないだろうと，甘く考えている人がいるようだが，それは誤りである。どの県でも評価基準のスケールに入れており，明らかに減点対象になる。1～2ヵ所のケアレス・ミス程度なら見逃がしてもらえることもあり得るが，例えば800～1000字のなかに誤字が10もあるというような場合は，いかに内容が立派でも，確実に不合格になる。

用字用語等の次に，文章構成力や表現力が見られる。簡潔でわかりやすい表現・構成で書かれているかどうかという点だ。詩人型・哲学者型の文章は不要で，わかりやすいかどうかが問題となる。文章の構成法は基本から大きく逸脱していてはならないし，奇をてらった表現なども，本人が“感覚的”にしっくりと感じても，まず減点対象となろう。

さて，いかに誤字・脱字がなく構成そのものに破綻がなくても，それだけではもちこたえられない。もちろん，どんな内容の文章なのかが要点となってくるわけで，評価・判定では内容がやはり最重視されることになる。

各県のチェック・ポイントの設定はさまざまだが，大きく分けて，文章が出題のねらいをはずさないで書かれているかどうか，どのような内容が展開されているかの2つになろう。

出題のねらいがとらえられているかどうか，という点は，とても重要な判定要素になる。例えば「今日の高校教育の問題点を指摘し，教師としてどのように対処したらよいか述べよ」という課題に対し，今日の高校教育の問題点を片っぱしから連ねてみても，それにどう対処するかが書かれていなければ合格答案にはならない，ということだ。

どのような内容が展開されているかという評価・判定の際には，答案が一般論か自己主張論かという視点も設定される。大まかに言って，受験者独自の意見・見解のない一般論のみの答案は，全体として破綻がなければ合格することもあり得るが，望ましい答案とは言えない。逆に自分の意見だけ，つまり一人よがりの答案はというと，さらによくない。論理展開がみごとな，論文としてはすぐれたものであっても，1つの教育観にこり固まったような答案，独断性が強く，他をはねつけるような答案は，まず不合格となる。少なくとも協調性がないという判定が下されることはまちがいないところだ。最も望ましいのは，両者のバランスがとれた答案ということになる。難しいが，一般的な考え方や事象の流れをふまえていて，その線からはずれてはいないが，何か1つ，その人なりの光るものがあるという答案だ。

受験者にとって困るのは，最近多くなってきた「……について具体的に述べよ」という課題だ。教職経験がないのに具体的に指導法を書くのは，きわめて困難なことだ。具体的にというのはどの程度のことまで書けばよいのか問題だが，普通は経験的事実をふまえた文章であれば，課題の要求からははずれないはずだ。これまでの児童・生徒・学生としての生活の中から得たもの，教育実習で体験したことを基本にすえて，文章を構成すればよいわけで，具体的な指導法等を，こと細かく並べたてることは不要だ。

また，一般的なテーマ，例えば「私の好きなことば」とか「目」とかのようなテーマの場合に，よく教育に結びつけて書いたほうがよいといわれているが，出題のねらいという観点から言えば，その必要はない。最後に教育とかかわる形で結ぶことができていれば，さらによいわけだが，それはセンスの問題という程度で，大きな評価・判定要素にはならない。

この項の最後として，評価・判定という観点から見て，①人が読んで不快感を感じさせるようなことばや内容，②イデオロギー的色彩の強い内容，③教育界の現状や教育委員会への批判などについては触れないほうがよいということを書きそえておく。

教育論作文の基本と書き方

論作文とは

論作文とは，あるテーマについて自分の見解を論理的に述べる文章という意味を持っている。「文は人なり」の諺があるが，論作文は教員採用に際して受験者の人物の総合的判定資料として重要視されている。

判定基準はおおよそ以下の通り。

①資質　②知識　③思想　④情熱　⑤教育技術　など。

つまり多様な面で評価されているのである。このことから，論作文は紙上の面接試験とも考えられている。

教育論作文とは

(1)　ここでは教員採用試験での論作文を教育論作文といい，この論文を通して次のような人物を求めている。

①子供の心の動きをきちんと捉えることのできる教師

②教育プロとしての信念と，問題や課題への即応力を備えている教師

③採用する地域の求める教師像に合っている教師

(2)　近未来に教員として何をするかを問うている。

①過去のことを問うているのではない。過去の貴重な経験を教員としてどのように活かすかを述べるとよい。

②発達段階をふまえた論述をする。少なくとも志望校種を明らかにする。中学・高校同一の試験であっても，この論文が対象としている子供の校種をはっきりさせる。

③「私はこのようにする」という回答を求めているので，評論文や批判文，また一般論であってはならない。

④教育プロとしての回答を求めているのである。教育のプロである

なら責任をもって正しく判断し，勇気ある実践ができなければならない。上司の指導を受けたり仲間と相談することは必要である。

⑤我田引水や自画自賛的内容であってはならない。結果はやってみなければ分からぬものである。過去の自慢話などの，自信過剰な文章は最も嫌われる。

与えられている条件を知っておくこと

①テーマの不測性

どのようなテーマが出されるか，不明である。受験する県の過去の出題テーマを調べ，対策を立てることが大切である。

②時間・字数

同一条件内での競争である。時間が足りなかったと言っても通用しない。字数については，1000～1200字の場合は上限の1200字近くまで，800字の場合は800字ぎりぎりまで書くとよい。

③書く相手(評価する人)

論作文を読み，評価する人は，志望する校種の校長(又は教頭)出身者が多い。50歳代の現職の校長の教育観がどのようなものか，心得ておくことが大切である。

文章構成は「起承転結」にしてメリハリを

①多くの制限字数は800～1000字以内であるが，1200字以内のものもある。600字程度なら序論・本論・結論の3分節とし，それ以上なら起承転結の4分節にする。字数配分は，前者は1：3：1を，後者は1：2：2：1を基準とするとよい。本番ではこの割合を行数で割り出し，欄外に目安として指示してから書き始めることを勧める。

②前文では，まずテーマの読み取りをはっきりさせる。例えば「心の教育」や「豊かな人間性」の定義づけとその必要性を述べる。さらに「心の教育」や「豊かな人間性」をいかに育成するかの結論を述べる。それは「(私は教員の一人として)このようにする」である。

③本文は結論を導き出す具体的な方策を「承」と「転」の2点挙げる。

これは恩師がどうしたかでもないし，今までにどのような経験をしたかでもない。近未来の己の姿をさらけ出すのである。その具体策は対象とする子供の発達段階をふまえたものであることは当然である。

「心の教育」を推進するのに前文で「子供同士のふれあいの中で育んでいく」としたのであれば，「承」では「教科学習を通して」とし，また「転」では「特別活動を通して」どう努力するかを述べる。前者は学級討議の中で相手の話をきちんと聞き，自分の意見をはっきり話せるように導くことで人間関係を構築するとする。後者では創意工夫をして学校生活の改善への協力体制を組ませるなどである。どちらも教師としての関わり方を述べる(班活動，ロールプレイ，ディベートをすると述べただけでは関わり方がはっきりしない)。

④結文は，このテーマに応える己の課題を述べる。そしてその具体的な取り組み方もである。ここでの決意表明など必要ない。

採点のポイント

論作文を読み，評価して点数をつけるのは前述のように現職の校長である(県によっては元校長や指導主事も)。採点のポイントは，

①テーマの把握(テーマを正しく把握し，テーマに正対しているか)

②論作文の構成(序論・本論・結論)

③表現力(主語・述語・用語・誤字・脱字)

④論旨の妥当性

⑤具体性

⑥協調性

などである。これらを総合して点数をつける。

なお，文字がきれいで読みやすいこと，制限字数なども採点を大きく左右することは言うまでもない。

自分の考えを述べる

課題に正対し，その要点，本質のほかに，自分の考え，所信を述べると，論作文の内容が深みを増す。すなわち，自分が追究し考察した結果や日常の事象に対する思索を述べるなどその内容は多岐にわたる。いずれの場合でもあなたの考えを披瀝(ひれき)することは課題への主体的な受け止めのうえでも特に重要である。

出題例として，教育課題，教師論，生徒指導，抽象題等があるが，いずれにしても受験者が，教育の今日的課題を的確に把握するとともに教育法規を理解し，自らの教育観を確立しているかなどが期待されているのである。したがって，「これからの学校教育の在り方」や各都道府県の教育方針とその具現化への方策などの理解，さらに自らの教師を目指す動機やどのような教師を目指しているのかや，教師としての使命感や責任感などを明確にしておくことが極めて重要である。

具体策を述べる

自分ならこうする，自分が教師になったら実際にこのように行う，ということを理想をまじえて具体的に述べること。ただ自分の考えを述べるだけでは学生の単なるレポートになってしまう。具体策をどの程度述べられるかが論作文の合否の分かれ目となる。また，自らの教育実習や講師およびボランティアなどの体験を交えて論じることができれば，採点者の心を打つものになるはずである。

採点者は山積した教育課題にどのように取り組んでくれるかに評価の最大のポイントを置くのである。課題解決能力を持っている者を即戦力の人物として歓迎するのだ。

読みやすい論述であること

論作文の基本は，「こちらの考えを，ある枠に沿って表現し，伝える。」である。このことは，読みやすい文章にすべきであるということでもある。そのためにも，誤字や脱字は絶対に避けなければならない。また，当然のこととして，「、」や「。」の付け方にも十分配慮するとともに段落の付け方にも工夫が必要となる。すなわち，表記や表現および用語の正しさが求められるということである。

①一文を短めに切る

句読点を多く用いて，だらだらと文を続けない。一文一文を簡潔にまとめる。

②長い文は避ける

不必要に修飾語を多用しない。一文はだいたい40～50字程度にとどめる。

③同じ文の結び方を続けない

文末表現は適宜変化を付ける。「～である」ばかりでは退屈な文になってしまう。但し，「です・ます」調と「だ・である」調は併用しない。

④記号などの約束を守る

いわゆる禁則事項を守る。「　」や（　）の付け方，句読点の打ち方等に気を付ける。

採点者は，数多くの論作文を比較的短時間に評価しているため，読みづらい文章によい評価を与えるはずはないのである。しかし，論旨が一貫し，教師としての期待感を感じさせるような文章に対しては，より良く読みとろうとするものであるから，与えられた用紙の制限字数の範囲を最大限活用して表現することである。

その他

①論文は高い格調を必要とするので，「である」調がよい。

②論文は書き手の主張であるから，主語は第一人称と決まっている。いちいち「私は」と断る必要はない。特に強調したいときのみ，主語を入れる。

③「具体的に」とは，面接で同じ質問を受けたときの回答を文章化したものと解するとよい。枝葉的，末梢的なことを述べるのではない。

④「～する考えである」「するつもりである」では，考えているだけで「実践するかどうかは分からない」と読まれる恐れがある。「～

する」とはっきりさせることである。

⑤一人の教員として述べるのであって，校長としての権限などは持っていない。子供を校外につれだしたりティーム・ティーチングを組んだり，外部講師の招聘などは不可能である。

論述の訓練をすること

何事においても基礎・基本は重要である。論作文に関しては，日常生活において記述の機会の少ない今日，教育に関することについての自らの関心事を文章化する訓練をすることが良き評価につながると信じ，実行することである。

課題に正対する

たとえば「特別の教科 道徳の時間の性格や目標を述べなさい」というテーマに対して，次のような過ちを犯してはいないだろうか。

- 特別の教科　道徳の時間の「性格」を読み落として，目標だけを述べる(性格だけを述べて目標を落とすこともある)。
- 特別の教科　道徳の時間の目標と特別の教科　道徳教育の目標とをとり違えたり，混同して述べたりする。

これでは決して課題に正対しているとはいえない。ここでのテーマは，①特別の教科　道徳の時間の性格と②特別の教科　道徳の時間の目標，の2つを述べることなのである。

キーワードをとらえて外さない

前述の課題で考えてみよう。

〈特別の教科　道徳の時間の目標〉のキーワード

①計画的・発展的な指導

②補充・深化・統合

③道徳的実践力の育成

特別の教科　道徳の時間の目標を論じるとき，特に②と③は絶対にはずせない。②は学校全体で行う特別の教科　道徳教育を補充・深化・統合するといういわば扇の要(かなめ)の役目であると同時に，特別の教科　道徳の時間の性格をも規定する重要なキーワードだからである。さらに，道徳的実践力は道徳の時間固有の目標である。つまり，キーワードとその要点をしっかり押さえることは論作文の必須条件である。

論作文チェック

自分で論作文を書いてみたら，以下の項目をチェックして(もらって)みよう。

- □ 題意に対して主題が明確に示されているか。
- □ 序文は題意を的確に受けているか。背景が記述されているか。
- □ 結論部がきちんとした結論になっているか。
- □ 結論が序文で示された問いにきちんと答えているか。
- □ 本論の要点が結論でまとめられているか。
- □ 途中で別の主題が入り込んだりしてないか。
- □ 1つのテーマに沿って，一貫して述べられているか。
- □ 各段落の主旨がはっきりとしているか。複数の主旨が混在していないか。
- □ 段落間のつながりは自然か。
- □ 他に比べて，長すぎる段落はないか。
- □ 不必要に冗長な表現はないか。
- □ 文章が全体的に抽象的でないか。
- □ 全体として，単なる理想論や抽象論で終わっていないか。
- □ 自分にしか理解できない言葉で表現していないか。誰にでも分かる言い回しか。
- □ 難解すぎる表現はないか。不必要に文章を飾りすぎていないか。単なる権威付けだけのために，専門用語を使っていないか。
- □ 使用した専門用語や概念は明確に定義・説明されているか。
- □ 形容詞や副詞などが不必要に多く使われていないか。
- □ 修飾語と被修飾語が離れすぎていないか。両者の関係が不明確になっていないか。

□ 受身の表現を必要以上に用いて，文章の主語が不明瞭になっていないか。
□ 代名詞の指す対象は明確に理解可能か。
□ 必要以上に一人称代名詞「私」を出していないか，しかし，全く出さないと解説文になる。
□ 文章表現が堅苦しすぎたり，軽薄すぎたりしていないか。
□ 全体の文体は統一されているか。
□ 「　」や（　　）はきちんと完結しているか。
□ 序論が長すぎて，尻すぼみになっていないか。
□ 文章の書き出しに適合した文末表現になっているか。主語と述語の正しい対応がなされているか。

〈誤〉大切なのは，どんなにちっぽけなことでも，毎日続ける。

〈正〉大切なのは，どんなにちっぽけなことでも，毎日続けるということである。

□ 誤字・脱字，記号・符号の誤りはないか。句読点の付け方は適切か。
□ 小学校志望者は子供，児童，中高志望者は生徒と表現しているか。
□ 教師，保護者，教育委員会などを非難したり攻撃する文は書いていないか。
□ 「…になったら」「…したい」などの願望の表現はしない。「私は△△県の教師になる」という決意ある文にしているか。
□ 自己の指導力未熟のため，上司，先輩，同僚などに指導・助言を受ける「他者尊重」の文を入れ，謙虚さをアピールしているか。

論作文作成のための基礎知識

論作文作成のための準備

論作文の対策

(1)　志望動機を意識する

皆さんは現在，教員採用試験に向けて勉学を続けていると思う。「教師になりたい」「子供たちと一緒に成長したい」などの夢を実現すべく努力していることだろう。教師を志望している強い意志があるはずである。まずは，その意志の根拠を確認しておく必要がある。

皆さんは，なぜ教師を志望しているのだろうか。理由は，「影響を受けた教師がいる」「学生時代の教育実習の影響」など様々な要素が含まれていると思う。それらの理由を深く考えてみよう。例えば，「影響を受けた教師がいる」でも，どのような影響なのか，影響を受けた言動は何か，自分の意識がどのように変化したのか，なども整理しておく。また「学生時代の教育実習の影響」でも同様であり，具体的な影響・自分自身の変化・使命感の確認などの要素を整理してみよう。この過程において，自分が目指そうとする教師像が見えてくるばかりでなく，教育観も浮き彫りになる。

次に，その志望動機の根拠を整理する具体的方法である。大切なのは志望動機の根拠を文章に書き残すことである。小論文として形式を整える必要はない。箇条書きで結構である。箇条書きならば，志望理由の根拠がいくつか書けるはずである。書いた個々の根拠には個々の背景があるはず，その背景も文章化する。そのため，箇条書きの文章が，どんどん増えていくことになるだろう。次のような形態(例)で書くと抵抗もなく始められる。

〔理由1〕影響を受けた教師がいる

• いつも生徒のことを考えていた先生，具体的に○○のようなこともあった。

- 困った時(友達とうまくいかない時)も先生に相談すれば，答えが得られた。
- 厳しさと優しさを持ちあわせた教師に出会い，あこがれを持ち……。

〔理由2〕学生時代の教育実習の影響

- 教えることの楽しさと難しさを知り，自分が成長できる仕事だと感じた。
- 授業で，△△△△のようなことがあり，子供の反応に感動した。
- 現職の先生達の熱意に驚かされ，自分自身の甘さを認識するが……。

〔理由3〕講師の経験

- 十分な教材研究で教壇に立つと，子供の学びが変化し，自分も満足した。
- 責任は重いが，未来に向かう仕事をしているという充実感が得られる。
- 現在の学校教育の□□□の部分を肌で感じ，自分なりの工夫として……。

この志望動機の整理作業は，日常的に更新することが大切である。記述内容に目を通し，書き換えや追加を繰り返すことにより，常に志望動機を意識する。整理および記述した文書の一覧には，本人の教育観や教師像だけでなく，自己分析や自己アピールが含まれることになる。言い換えると，本人の過去・現在・未来に関することが示される。つまり，第1部で前述したように，過去(作文)・現在(論文)・未来(企画書)を含み，論作文の土台となるのである。言うまでもなく，この文書に示された内容は，面接や集団討論の対策にも活用できる。

(2) 出題傾向を分析する

毎年，教員採用試験の論作文の出題テーマは，非常に広範囲にわたる。分野としては，近年の教育動向・教師論・教育課題への取り組み・具体的な学習や生徒指導の方法・学校観など，多岐にわたる。また，近年の新しい傾向として，教育時事(キャリア教育や情報化をめぐる題材), および自治体独自の教育政策や調査を題材とする動きもある。

中でも教師論と教育課題への取り組みに関する出題が特に多いと言える。

出題分野を見ると，何から手をつければよいか，不安になると思う。皆さんは教師を志望している。前述の志望動機についての整理作業を続けていれば，どんな教師になりたいか，熱意は高まっているか，問題が起こった時にどんな対処をするか，なども視野に入ってくる。知らず知らずのうちに，自分自身の教育観や教師像が確立し，教育現場が直面するような課題も意識できるようになる。日頃の学習と積み重ねが，どのような論作文のテーマにも対応できる力を養ってくれるはずである。

志望する自治体が決まれば，その自治体の出題分野の傾向分析も大切である。各自治体には出題の傾向があり，前年や前々年の問題を踏襲するような出題が多く見られる。過去問は，教科別過去問題集，あるいは各自治体のホームページや情報公開室などで公開されている。過去数年分の出題傾向を探れば，出題分野の予測がある程度立てられる。その理由は，各自治体が求める教師像が年度により変わるわけではないこと，出題傾向や分野を大きく変えると評価の観点や方法も必然的に変更する必要が伴うこと，などがあるようである。しかし各自治体内での事情の変化により，数年間続いた出題傾向と記述方法が変化した年もある。やはり，過去問の傾向を過信せず，幅広い出題に対応できる基礎固めが必要と言える。

論作文は，出題の仕方も特徴的である。ある前提や条件を持って出題されるパターンが少なくない。その前提や条件には，各自治体の教育ビジョンやポリシーなどに結び付くことが多くあるようである。そのため，過去問の分析と志望する自治体の教育動向や方針にも目を向けることを忘れてはいけない。

(3) 効果的に勉強する

論作文の勉強は，教員採用試験までの限られた時間の中で，教職教養や専門教養などと並行してすすめなければならない。論作文で高い評価を得るには，実際に何度も書く練習が何より必要である。次に示すような具体的対策(勉強法)を進めておくとより効果的と思われる。

① 手書きの日記帳(記録帳)をつくる

- その日に見たニュースや教育時事の感想および自分の見解を文章化する。
- 日常的に書く練習ができ，自分の志望動機の整理や教育観の確立に役立つ。

② 教職教養の勉強を工夫する

- 学習指導要領や中教審答申は，暗記するだけでなく，志望校種への影響を考える。
- 教育用語を論作文で活用すると，より説得力を持つようになる。

③ 教育時事や動向に目を向ける

- 教師の視点で教育問題や動向を見て，自分の意見や考察を書きとめる。
- ニュースや新聞などで繰り返される用語は，論作文のキーワードになる。

④ 受験する自治体の情報収集

- 自治体の求める教師像および教育方針や学校関係の調査などに目を通しておく。
- 過去問の分野や出題パターンを把握しておくと，自信を持つことができる。

⑤ 自分の教育観と教師像を確立する

- 教師として使命と責任を自覚し，子供理解と指導を絶えず意識する。
- 自分の教育観や教師像が確立していれば，どんな出題にも対応できる。

もちろん論作文試験で，最終的に問われるのは，受験者の人間性・知識・熱意・資質などであり，付け焼き刃的なにわか勉強で，高い評価を得られるとは思えない。ここに示した項目は，あくまでも論作文の対策の事例と，持続すべき意識である。成果を上げるには，日々の積み重ねが必要となってくる。

中でも，手で文章を書くという論作文の特質上，日記帳(記録帳)は大切である。難しく考える必要はない。教師の視点で感じたこと，自分ならばこのように試みたいとの意見，感心した出来事などを，数行程度の文章として綴ってみよう。一週間続ければ，その日記帳は，すぐに自分だけの論作文対策の参考書になり，読み返すごとに新しい発見が起こる。また，志望動機とリンクさせることにより，自身の教育観や教師像の確立に必ず役立つ。

論作文と志願書類

教員採用試験において，最初に自分の文章を書き込むのは，おそらく志願書の自己アピールの欄だと思う。この欄は，自治体により様々な形態であるが，多くの場合，志望の動機・自己PR・活動の実績や経験などを書き込むようになっている。これらの欄は，自分の教育観や熱意を伝え，読み手に自身の人間性を理解してもらうという意味で，まさに論作文に他ならない。ここに記述する段階から教員採用試験は始まっていると考えて良い。

志願書類では，定められた欄の中で最大限の自己アピールをする。読み手に伝えなくてはいけないことは，自分が熱意と適性を持っていること・教師になりたい理由・こんな教育ができるという資質能力などだろう。これらには，第1部で示したように，自分の過去(作文)・現在(論文)・将来(企画書)の要素が含まれるはずである。この3つの視点を上手に使い，教師として，自分の経験から何が可能で，どのような貢献ができるかを整理してみよう。特技やボランティア活動の記録を記述する際も，どんな経験(過去＝作文)・現状と課題(現在＝論文)・教師として経験をどう活用(将来＝企画書)というような視点を意識することが大切である。

また，読み手を強く意識することも忘れてはいけない。当然のことだが，志願書類は，無記入のうちに数枚のコピーを取り，何度も下書きをした後に清書をしよう。その際に，文字は丁寧かつ適切な大きさ，つまり読み手に好印象を与えるような形態で記述することが大切である。志願書類は，面接時の資料となり，記述した字がそのまま面接官の手元に届く。この人を採用したいと思わせるような，記述形態と内容を目指そう。

読み手に届くような論作文は，一朝一夕に書けるわけではない。確かな知識と思考力が求められると同時に，教職への熱意や教育観が背後に必要となる。そのため，日頃の努力の積み重ねが重要である。絶えず教職志望という意識を持って，教育課題などを考察しよう。バックボーンが確立していれば，必ず読み手を納得させる文章が書けるようになる。文章の表現やテクニックの向上はきちんと鍛錬すれば決して難しいことではない。

論作文の練習

自治体にもよるが，論作文試験には字数と時間の制限がある。志望する自治体の過去問や，配布される教員採用試験の要項を参照して，同じ制限下で論作文を書いてみよう。横書きなのか縦書きなのか，原稿用紙なのか罫線用紙なのかで，かなり雰囲気が変わるはずである。実際に書けば，記述時間や文章表現に対する感覚も養える。

記述する際には，鉛筆を使用するだろう。その鉛筆は濃いものを選び，書くときは太めに書くのが好ましい。実は同じ人物が書いた文字でも，濃く太い方が上手(個性的)に見える。とめ・はね・はらいの基礎を意識すれば，さらに上手に見える。なおシャープペンシルは，字が細く頼りなく見え，とめ・はね・はらいが上手に表現できず，また消しゴムで消しても用紙にスジが残るので，あまり好ましくない。

質を向上させるには，書きあげた論作文を何度も推敲する。自分自身で「朱を入れる」と，構成と技術に関する新たなヒントが得られる。また可能であれば，誰かに見てもらおう。アドバイスを受けて，さらに書くという繰り返し作業が力となってくる。同時に他人の書いた論作文にも触れ，良い点などを取り入れるようにしよう。そうすることで論作文の力は上達するはずである。

志望自治体の形式の確認

論作文の試験形式は自治体により異なる。自分が志望する自治体の試験形式を十分に確認する必要がある。募集要項やホームページなどを参照すれば，論作文試験の日程(1次試験または2次試験)だけでなく，文字数と制限時間が確認できる。記述形式が横書きなのか縦書きなのか，マス目の原稿用紙なのか罫線用紙なのか，という点は最低でも把握しておきたい。

同時に，過去の出題領域の傾向分析を進める。各自治体には出題傾向があり，過去の分野を引き継ぐような出題テーマを設定する場合が多くある。過去数年の出題テーマを並べると，今夏の傾向が浮かんでくる。出題傾向が大きく変化する可能性は低いはずである。つまり，教師論を中心にすえた自治体と，生徒指導を中心にすえた自治体では，必然的に対策も異なってくる。過去数年の出題テーマを並べると，回答する時に共通して活用できるようなキーワードや教育施策の流れも浮かんでくるだろう。

出題領域の傾向を把握すると同時に，出題形式にも注意が求められる。例えば，調査データや図表を示して志望者の教育観を問う場合，自らの考えと実践を示すように指示する場合，自治体独自の教育施策と関係づける場合などがある。それぞれの出題形式に適応する対策を進めておく必要がある。

形式と時間を意識した練習

今までにも，いくつかの論作文を書いて練習をしてきたと思う。それらは，参考文献や情報誌などに目を通し，書き直しを繰り返しながら，時間に縛られずに書いた論作文だろう。しかし，試験当日は状況が全く違う。本番の試験を意識した対策も必要となってくる。

まず，試験で使われるものと同じような用紙(縦書き・横書き・マス目の有無)を用意する。もちろん筆記具も鉛筆と消しゴムを用意し，まさに試験当日と同じような状況を作り出す(辞書や参考書なども使用不可である)。試験と同じ時間内で，論作文を書く練習をする。出題テーマに対して，どのような内容を盛り込むかを構想し，実際に記述を展開し，推敲するという段取りと時間配分の感覚を身に付ける。

独自に練習をする場合は，あらかじめ出題テーマがわかってしまう。当日と同じ状況を作り出すには，過去問や予想問題を複数用意し，その中からランダムに選んで書くという工夫などをしてみよう。論作文を添削してもらえるような立場にある方や，大学生で大学教員に指導を頼める方などは，与えられた出題テーマをその場では見ずに，自分が練習をする際に初めて見るように心がけると良いだろう。

また普段と違う環境(場所)で，論作文を書く対策も求められる。おそらく試験会場は，自治体の施設や学校になると思われる。自宅以外の場所，例えば図書館や大学の講義室などで，試験と同じ制限時間内で練習する機会も持つようにしよう。試験会場にもよるが，夏の暑い時期にもかかわらず，空調が整っていない状況も考えられる。本試験をイメージすれば，やる気を高め，緊張感を維持できるはずである。

時間内に書きあげるコツ

論作文試験は，制限時間との戦いでもある。構想→記述→推敲を時間内に済ませる必要がある。具体的には，50分から90分程度の時間内に，600字から1500字程度の文章を書きあげなければならない。あらかじめ対策を立て，コツを把握しておかねば，時間内には用紙の半分も埋められないだろう。試験に直接的に活用できる対策や技術を身に付けておけば，制限時間を有効に使えるはずである。

コツに触れる前提として，「論作文試験は既に始まっている」という意識を持っておこう。過去問を分析し，傾向を把握しておけば，出題される領域が予想できる。その領域と関係づけられる

作成のための具体的実践

論作文に必要な構成と技術

教員採用の論作文試験では，受験者の教職への知識や資質の度合いを判断する。その対策としては，教育改革の動向や学校教育に関する

知識の習得だけでなく，思考力や指導力の育成などが求められる。このような勉強や経験を積み，人間性を磨くことが大切なのは，言うまでもない。

それらと同時に，論作文試験では構成と技術も大切な要素になる。例えば，同じような考え方や事例を扱った論作文が提出されたとする。ひとつは形式が整った論作文，他方は形式を無視した論作文である。この場合，高得点を得られるのは明らかに前者である。私たちの日常生活でも同じような現象があると思う。日用品ひとつとっても，形の整ったモノとそうでないモノを見た場合，好感を持つのは明らかに前者である。その上，色彩が整い，デザインなどが気に入れば，多少の難点は目をつぶるだろう。同様のことが論作文にも当てはまる。形式と技術(形やデザイン)が整った論作文は，読み手の興味を引き，好印象を与えるのである。

論作文の構成と技術に関する約束事は，決して難しくなく，各種の文書を書く時にも活用できる。それらを知るだけで，論作文の質は驚くほどに向上し，書く行為に抵抗が少なくなる。論作文を書くテクニックは，自転車や水泳と同じように，一度身に付ければ，忘れることなく，様々な場面で役立つはずである。

出題テーマを考える

論作文試験の出題テーマは，自治体により様々な内容となる。なかでも多いのは，「～にあなたは教師としてどのように取り組みますか」，「～をどう考えますか」といったパターンである。出題テーマに前提や条件を置き，そこから受験者の教師観や指導観を探ろうとする。ここで大切なのは，出題テーマと向き合い，その意図を把握する姿勢である。出題テーマから離れた記述や持論を展開したのでは，読み手に好印象を与えない。出題者が何を求めているか，背景は何かを読み取る練習も必要なのである。

では出題テーマから離れない論作文を書くにはどうしたらよいのだろうか。その答えはキーワードを柱として活用する手法である。キーワードは，出題文に示されるケースもあるが，出題テーマの背景から感じ取れる場合も多いと言える。出題された課題に対して，正面から取り組んでいるという姿勢をみせる意味で，キーワードを当事者の立場で扱えば，出題テーマから外れずに論作文が展開できる。キーワードを中心に，自分の志望校種や担当教科にしぼりながら，論述を進めるというのでもよいだろう。

論作文の練習に取り組むときに目を向けておきたいのが，過去問の分析と日頃の学習の意識である。論作文の出題テーマの領域は，主に教師論・教育観・生徒指導，教育課題あたりが中心になろう。本書で志望する自治体の過去問の数年のトレンドをつかんでおこう。日頃より，その傾向に沿ったキーワードをいくつか意識しておく。そして，キーワードを柱にして，経験した具体例・現状・教師としてできる実践を整理する習慣を身に付けると有効である。もちろん，事前練習のキーワードが，出題テーマに対応するわけではない。練習の論作文をそのまま活用できるわけでもない。論作文試験では，題意に即して述べる姿勢が求められる。ここで触れたようなキーワードを使った事前練習の積み重ねこそが，教師としての熱意を高め，読み手に響く論作文に結び付くのである。

文章構成の構成例

皆さんは，これまでの人生の中で様々な場面で文章を書いてきた経験があるので，言われなくても文章構成の基本は把握しているだろう。文章の代表的な構成は「序論・本論・結論」型と「起承転結」型だろう。どちらかの型を活用して論作文試験にも臨むわけだが，ここで注意しなければならないのが，時間と字数の制限である。論作文試験の時間は50～90分程度，字数は600～1500字程度となる。この制限はとても厳しいのである。ちなみに，400字詰め原稿用紙(20字×20行)1枚に文章を書き写すだけでも，15分程度の時間が必要である。800字を書くのであれば30分となる。論作文試験は，思考をめぐらせながら，丁寧な字体で記述しなければならない。それゆえ，書くスピードも通常よりも遅くなる。つまり，ある程度の対策を立てて，制限内に書きあげるコツを把握しておかないと対応できないのである。

対応策のひとつとして，自分の型または表現スタイルを決めておくという方法がある。論作文の構成は，基本的には先に触れた「序論・本論・結論」の三段構成か，「起承転結」の四段構成である。教職経験の無い受験者や，論作文試験の字数が800字以下程度の場合は，三段構成が取り組みやすいと言える。字数の多い論作文や実務経験や分析が必要な場合は，四段構成が無難だろう。ここでは，比較的取り組みやすい三段構成を意識して考えてみる。

まず，三段構成の論作文の構成で，課題となるのが，各段落の分量である。ひとつの段落だけが大きく，他の部分が数行程度ではあまりにバランスが悪い。800字程度の場合は，図1のような字数が望ましいと考えられる。

図1 三段構成

序論	150～200字程度（全体の2割～3割程度） 出題テーマを受けとめ，論の方向を示し，現状分析と自分の考えを述べる
▼	
本論	500～600字程度（全体の6割～8割程度） 個々の事例や方策と，理論や社会状況の動向をリンクさせ，主張を展開する
▼	
結論	100～150字程度（全体の1割～2割程度） 前段までの流れを受けて，出題テーマに対する自分の主張をまとめる

＊字数はあくまでも目安であり，出題テーマ・時間・内容などによって変動する

また，各段落で触れる内容についても，一般的に考えると，図1のような事項になるだろう。

これらは，通常の論作文での構成例である。教員採用試験の論作文は，受験者の自己アピールや，読み手を意識するという要素も加味しなくてはならない。通常の論作文とは異なり，そこには少し工夫が必要となる。次に各段落でおさえるべき工夫としての技術と要素につい

て触れる。

(1) 序論の工夫

読み手の興味を引きつけるため，最も大切になってくるのはおそらく序論だろう。それも書き出しの数行が大切と言われている。この部分で，読み手に好印象を与えられれば，興味を持って読み進めてもらえる。個性ある一文で書き出せれば，それに越したことはないが簡単ではない。ここで参考にしたいのが新聞などのコラムや報道記事である。それらは，限られた字数の中で，主要な内容を最初の数行で示し，話を戻すような形で詳細を述べている。日頃からこの種の文書に触れ，魅力的な言葉や読み手の興味を引く書き出し文例を書き取っておくのも対策のひとつである。

論作文の序論は，文書の趣旨や方針を述べ，出題テーマと本論を結ぶ役目をする。序論を書く際，図2の3点に注意し，書き出すと良いだろう。

図2 序論を書く際の注意点

① 出題テーマを受けとめる姿勢

出題される内容は，どんな領域であるにせよ，重要と考えられているはずである。その課題を教師として，受けとめ取り組んでいこうとする姿勢を示す。また，論題文にキーワードがあれば，それを意識して文中に取り込む。

② 出題テーマをめぐる現状の分析

示された課題の背景を探る。歴史的な変化や子どもの生活環境の変化など様々な要因が絡み合っている事例や，教育政策の対応にも触れておく。本論との関係も考慮して，分析する事項はしぼっておいた方が良い。

③ 自分の教育観や指導観

与えられた出題テーマに対して，自分はどう関わるか，どう実践するかなどの方向を示しておく。その際には，根拠も忘れずに触れる。自身の課題に対する考え方なども明確にして，結論に近いような内容にまで踏み込んで良い。

(2)　本論の工夫

本論は，序論からの流れを受けて，自分の主張や見解を論理的に展開する論述の主体と言える。ここで大切なのは，自分らしさを前面に出すことである。それには，出題テーマに沿った自分の体験や実践例を取りあげる。読み手に自分の主張を伝えるには，一般論から迫るのではなく，独自の事例の方が好ましいだろう。個性的な切り口で論述を展開できる。もちろん，それだけでは説得力を持たない。読み手を納得させるために，教育理論や教育改革の方向などの知識的側面からのアプローチも加える。つまり，独自の事例としての「実践」と，勉強してきた知識としての「理論」をリンクさせるのである。その上で，自分の教育観に基づいた主張や見解を示すという段取りを踏む。

出題テーマにもよるが，本論では，書き手(受験者)の教育観や指導観が表れる。読み手に，この書き手ならば，教師として子供たちの教育を任せられると思いを起こさせたいものである。こうした本論を展開する際には，図3の3点に注意しておこう。

図3　本論を書く際の注意点

① 序論の流れを変えない

序論では，出題テーマに対する受けとめ姿勢を示しているはずである。論述の柱を外さないように主張や見解を示すという意識を常に持つ必要がある。既に読み手には，序論で触れた分析や教育観も伝わっている。

② 一般論ではなく独自の具体例の活用

出題テーマの題意に対応した具体例であり，教師の視点が盛り込まれていることが条件である。具体例は羅列するのではなく，必ず知識や背景とリンクさせて説得力を持たせるようにする。字数などの関係上，扱う事例は，1～2点くらいに限られるはずである。

③ 自分の主張と見解の論じ方

自分の主張と見解を，本論で触れた具体例と関係付けながら論じる。その主張は，教育という営みに有益であり，自分や学校現場が実践できる内容でなければならない。また取り組み姿勢として，教師としての熱意と使命感をにじませたい。

(3) 結論の工夫

結論は，本論で述べた自分の主張や見解を発展的にまとめ，今後の取り組み姿勢や抱負を示す。この部分で大切なのは，記述内容が序論と呼応していることである。序論で自分の教育観に基づき，踏み込んだ記述など展開している場合などは，特に注意が必要である。序論とのズレが生じていれば，その時点で説得力を失う。ここでは，本論で展開した内容(論拠)も踏まえ，自分の主張を言い切るような記述が欲しい。また，教員採用試験という性格上，結論には教師としての力強い決意表明も大切である。教師としての基本的な姿勢や態度に触れ，読み手に響くような一文を添えておくと良いだろう。この種の一文は，あらかじめ用意しておくのも手段のひとつかもしれない。

字数的にみると結論は，全体の1割から多くても2割弱程度である。その中で使用したキーワードや事例を踏まえ，自分の主張を明確にし，決意表明をする。そこでの注意点は 図4 の3点にまとめられるだろう。

図4 結論を書く際の注意点

① 序論と本論に対応

全体を締めくくる結論では，前段を受けていることが最低条件になる。唐突な持論や筋違いの提言などを書いてはいけない。読み手に「なるほど」「ふ～ん」という感情を与えられるような結論で，現実的・実現可能な内容を示しておく。

② 教師としての姿勢と抱負を語る

出題テーマに対する主張と関係付けながら，教師としての自分の姿勢と抱負を必ず加える。抽象論ではなく，自分の努力や理想に結び付けるのも良い。おそらくこの一文が論作文の最後に位置し，締めの言葉になるだろう。

③ 結論は読み手へのメッセージ

論作文自体が，自己アピールであり，読み手へのメッセージであるが，結論はそれらすべての総括と言える。最後の部分で，これを伝えたい，こんな教育実践を試みたい，教師としてこのように活躍したい，というような想いを込める。

表記の技術

論作文を記述する際には，基本的な技術ルールがある。例えば，国語的な表記や原稿用紙の使い方などである。もちろん，教員志望者の皆さんは，基礎的な部分は理解しているはずである。それら以外で論作文試験の対策として，知っていると有益と思われる表記の技術を整理してみた(図5)。

図5 表記の技術

① 文体の統一

文体には，常体（「…である」「…だ」調）と敬体（「…です」「…ます」調）がある。論作文では，常体つまり「である」調で統一した方が良い。常体の方が，歯切れが良く，自分の主張を展開するのに適している。

② 語尾の工夫

常体「である」調で統一した場合，常に同じ調子で終わるのは好ましくない。表現には変化が必要である。しかし，「…と思う」「…だろう」などの曖昧な表現はなるべく避ける。また，結論では，「…を心がける」「…する教師となる」「…の覚悟で実践を展開する」というような力強い表現で決意を明確に示す。

③ 表現上の注意点

一般の論作文でも同じだが，「こと」「ところ」「ため」などの形式名詞は，ひらがな表記が基本である。これらの語を，一文に2カ所以上含ませないようにする。その対策としては，文章を短く簡潔にすると良い。

④ 専門用語の使用

論作文の中では「子ども」「児童」「生徒」などは統一する。志望校種により「児童」「生徒」は使い分けも必要である。また「父兄」は「保護者」，「先生」は「教師」，「登校拒否」は「不登校」の用語を用いる。

論作文作成の実践と応用

論作文の書き方

新規採用教員試験において，なぜ論作文が課題として出されるのかを考えると，おのずとどのような内容のものを書き上げればよいか見当がつく。それは，受験者が教員としての資質を持っているかどうかを，この論作文を通して見抜こうというものである。そのことを充分承知したうえで，採点者の期待に応えられる記述とはどのようなものか考えてみたい。

求められる教員としての資質

あなたが教員を採用する側であるならば，どのような人物を採用するだろうか。4月から学級担任として40名もの子供たちを任せられる，信頼できる人物ということになる。ところが，文章上から信頼できる，できないの判断が可能であろうか。

今ここに「求められる教員の資質」と題する一編の答案があるので，「起」と「承」の部分のみ紹介する。

「教員の仕事は，人間が人間を教えることである。子供の人間性に直接感化する仕事である。したがって，教員の資質として一番大事なのは，人間性だと考える。

今日の学校では，教員としての専門的技能に加えて，丸ごとの人間の在り方が問われている。教員は子供の気持ちを理解し，様々な悩みの相談に応じる役割も期待されている。このような状況の中で，教員は常に子供に対し，深い愛情を持って接することの出来る人でなくてはならない。

子供への愛情とは，子供を甘やかすためのものではなく，子供の気持ちを大切にしながら励ますためのものである。この愛情があるからこそ，一人ひとりの子供の行動，つぶやきを感動を持って受け止め，広く優しい心で子供を理解することができる。」

この論文から感じることは「温かさ」である。肩に力が入りすぎているようなこともなく，平易な言葉で綴られている。教育者の一員になることを希望するならば，そこに子供への愛情が感じられるような文章でなければならない。それが，最大の資質と言えよう。

個性尊重としながら個性が出ていない論文

学校は集団教育の場である。家庭という個人教育を終えて，社会生活に入る前の教育の場が学校である。学校という集団教育の場で，個性のある人物を育成することが，今日の学校教育の課題の1つであることは，少なくとも教員を志す者なら誰もが承知している。いや，学校教育に限らず，家庭の中でもまた社会に出て一人前に働いても，「個性の開発と伸長」に努めるという課題は永遠に持っていなければならない。

ここに課題「個性を伸ばす教育とはどういうことか。また，学校教育の中でどう取り組んだら良いか。自分の考えを述べよ」についての論文がある。

「今，時代は個性ある人間を求めている。これに応えるための教育について，次の視点から述べてみたい。

○はじめに「多様性の尊重」について

これまでの学習指導は，結果のみを重視しがちになり，そこに至るまでの過程が児童によって様々であることを見落としがちであった。しかし，文章題の回答過程や読書感想文に見られるように，児童の思考は多種多様で1つとは限らない。そこで結果のみにとらわれることなくそれに至る考え方を尊重し，自らの力で解決していく意欲や態度を高め，育てていくことで，個性の伸長を図っていきたい。

○次に「個人差への対応」について

個々の児童には，思考の多様性だけでなく，その結果にも個人差がある。諸能力の個人差である。個性の伸長を目指すに当たって，この個人差への対応は大変重要だと考える。例えば，学習が遅れがちな児童や課題解決能力の高い児童については，通常の学習指導の中に，その児童に合った指導を加える必要が出てくる。指導の場や課題の工夫である。個々の興味や能力に応じた課題に取り組ませたり，学習プリントの工夫やヒントカードの利用によって，この充実を図っていく。また，集団学習の中でも個人指導の場を設けるなどの工夫をしていく。しかし，前述の視点からだけでは個性の伸長は成し得ない。基礎・基本を充実させることによって，児童の多様性を育てていきたい。

最後に，このような実践を進めていくためには，まず教師自身の個性化や，個性を尊重し合える学級経営が大切である。これらの課題をふまえながら，学校全体で個々の児童を見つめ，個性の伸長に努めていきたい。」

この論文は，筆者の個性が随所に出ていると言える。しかし，「時代は個性ある人間を求めている」としているが，なぜ今，個性ある人間を求めているのかに全く触れていない。あなた自身は必要だとは思わないのか，という反論が出そうである。また，「～いきたい」は，単なる願望に過ぎないと言える。なぜ，「努めていく」と断言出来ないのであろうか。

前述したように，この論文を通してあなたの資質を見いだそうとしているのであるから，その論文の中にあなたの個性を表現して欲しいのである。「個性の開発と伸長」と論述しておきながら，個性のない同じような文言が並んでいることが多いのである。「子供と同じ目の高さで」とか，「同じ視点に立って」「共感することが大切」「コミュニケーションを深めて」などである。口先だけの個性の尊重では，具体策を持っていないと判断されても仕方ないと言える。

「私はこうします」を

あなたの資質をアピールするには，あなたはどうするのか，具体的に述べることである。たとえ，まだ教育実習以外に教壇に立った経験がないとしても，4月に担任を命ぜられた学級でいじめが起きていたら，あなたがこの問題を解決しなければならない。「経験がないので」の理由は通じないのである。何ら解決する方策を持っていないのなら，担任としては失格と言わざるを得ない。

ある課題に対しての具体策として，授業中に「机間巡視をして能力に応じた指導をする」とか，「すべての子に一日に一度は声をかけ，コミニュケーションを密にする」とかがある。また，「とことん子供たちと付き合う」というのも多い。だが，ただ項目的に並べただけで掘り下げがないことが多い。

能力に応じた指導が机間巡視程度で解決するのだろうか。また，コミュニケーションはよいが，一日一声は小学生(児童)ならいざ知らず，中学生や高校生には不可能ではなかろうか。そのようなことよりも，授業を魅力あるものにし，授業に夢中にさせることを考えたらどうだろうか。あなたらしい楽しい授業に変えていけば，苦手な教科科目も楽しさに魅せられて勉強するようになる。あなたは授業をどうするのか，そこにあなたらしさを表現することをお勧めする。

あなたの教育理念

多くの論文を読んで感じることの1つに，この教師に育てられる子は，いよいよ自立性がなくなるのではないかと思えることがある。もっと子供たちに自助努力をさせるべきではないかと思えてならない。今日の教育は，「いたれりつくせり」で，子供本人は何もしなくても，親や教師がすべてやってくれるのではないだろうか。「指示待ち人間」を作り上げてしまったのは，子供たちに何もさせない親や教師に責任があるのではなかろうか。家庭では，少子化に伴い，「転ばぬ先の杖」的発想で教育がなされ，学校でも自己理解が忘れられているとも言える。教師にとって，子供理解は大切なことではあるが，その前に子供たち自身に自分が何者であるかを見いださせる努力をさせるべきではないだろうか。自己理解を忘れた学校教育では，ロボット人間を製作しているに過ぎないと言えよう。甘えの構造を否定し，もっと「たくましく生きる力」の育成に教育の重点を置くべきではないだろうか。

是非，一度友達と，今日的教育課題に立った教師論について大いに議論を交わすことを希望する。「これからの時代の教師はどうあるべきか」である。

読み手を説得する

多くの論文を読んでいると，さまざまなことを感じる。たくさんの論文を読む採点者に，読む気を起こさせなければならない。

ここに，論文：「理想の教師像」があるので紹介する。

「私には大好きな先生がいる。幼稚園に入園してから，大学生の今までに何人もの先生と出会って来たけれど，その中でもあの先生のことが一番好きで，感謝し，尊敬している。その先生のことが私にとって理想で，また，教員になりたいと思い始めたのも，あの先生と学んだあの頃からだ。先生の数あるすごい点の一部を書こうと思う。

小学校4年生の私は，自分で言うのもおかしいけれど，勉強にも運動にも熱心で，係の仕事も大好きな，とても前向きな子どもだった。けれどもいつの頃からか，理由もなく順番に一人の子を無視したり，いじめたりするのを楽しむ子が出て来た。私は段々と休み時間が来るのが恐くなって，自分がいじめられているのでなくても，休み時間も席を立てず，誰とも話さない日々を送りだした。寂しくて寂しくて涙が出そうになっていた私に，先生が肩をポンと叩いて『次の理科の実験の準備を手伝ってくれない？友達も何人か連れて理科室に来て』と言われた。今考えてもなぜか分からないけれど，私は辺りを見回し，選んだかのようにいじめを楽しんでいる子たちに手伝ってくれるように頼んだ。理科室までの廊下では，普通にその子たちと話せた。もうすぐ理科室という所まで来て，不意にその友達が立ち止まって，『ごめんね。今まで，自分がみんなの気持ちをどれだけ傷つけていたか分かった。かおりちゃんが寂しそうにして話さなくなってから』と言ってくれた。本当に暗くなりかけていた私の心がパッと明るくなった。先生は何も聞いていなかったように『ありがとう。よく手伝ってくれたね』と言って，私にそっと微笑んだ。お礼を書いた日記の評は『先生は見ていたよ』だった。嬉しくて涙が出てきた。

このように，私の先生は子どもの様子を温かく見守ってくれて，心から出るヘルプを求める声に，さりげない素振りだけれど，しっかりと手を差し延べてくれた。教科の指導も熱心で，その日のつまずきはその日のうちに解決するように，残って個別に指導をされたりもしていた。宿題は少なくて，家の手伝いや学校であったことを話すなどのことを宿題としてやらせたりして，生活を楽しくするような働きかけを多くされていた。放課後の残り勉強の最後の子と，一緒に外に出て来て遊んでくれたのも，先生の魅力の一つだった。クラス会議をすぐに開いて，問題について話し合ったり，お楽しみ会の計画で張り切ったりして，忙しいとも言わずに私たち子どもと共に泣いて笑ってくださった。

その先生が私の理想で，私も子どもを見つめて，子どもの喜びや痛みが分かる教師になりたい。」

―――――――――――――――――――――――――――――――

この文は，論文というより作文的である。起承転結の形式がどうのと，堅苦しいことを言う前に「読まされてしまった」という感想を持つ。文章というのは，筆者の言わんとしていることが読み手に的確に伝わることが第一条件と言えるだろう。数多い文章の中には，単に記録に留めるとか，筆者の自己満足のためのものなど，他人が眼中にないものもあるが，それは特殊と言えよう。少なくとも，教員採用試験の論作文はあなたの考えが読み手に正しく伝わらなければ，目的を達することは出来ない。こちらの意思が正しく伝わるならば，論文であろうと作文であろうと，形式にこだわる必要はない。といっても，散文的な文章ではその目的を叶えることは難しいため，起承転結という論文形式を採用することを奨めるのである。

起承転結という論文形式であるが，これとてさまざまな書き方がある。あなたが，友達に口頭で「君の理想の教師像は？」と問われたら，あなたはどのように答えるだろうか。

たぶん，あなたはまず，結論を述べるであろう。理由を先に述べたら，「何を言いたいのか。結論を先に言え」と言われることだろう。論文でも同じことである。結論を述べた後で，その理由づけをするのである。そうすると，読み手はもちろんのこと，書き手にとっても，何を書こうとしているのかがはっきりして，脱線することが少なくなるのである。

ここに，題：「『生きる力』を育成する教育について，あなたの考えを述べよ」の論文があるので転記する。

－－－－－－－－－－－－－－－－－－－－－－－－－－－－－－－－－－－

「今日，『生きる力』について生徒たちに教育していくことは，大変重要なことである。それはここ数年，いじめ等を理由に自殺をしていく生徒が増えており，生きることの大切さや素晴らしさを，生徒一人ひとりに再認識させねばならないからである。

授業で，『なぜ生きているのか』と問い掛けて，生きる意義を生徒一人ひとりに理解させる。例えば，生徒に自分が生まれたときの様子を親から聞かせるのである。自分の生まれたときの大きさ，泣き方，自分が生まれる前や後の親の苦労や喜びなどである。それらを発表し合い，話し合いをさせる。そうすることによって，自分が生まれたことの意義を，一人ひとりの生徒が考え，意見をまとめる。それらのまとまった意見を発表し，その内容についても話し合ってみる。こうして，最終的に『生きることの意義』をまとめあげるのである。

親から話を聞くということは，自分が生きて来た過程でどれだけ多くの人の助けを借りたか，また今，自分が生きていることを自身で気付かせることが大変重要である。ここから，『生きる』ことが自分一人のためではなく，家族等の生きる喜びにも繋がると理解できると考える。そして，一人ひとりの生徒に『がんばって生きていこう』という気持ちが湧いてくるのではないだろうか。こうして，生きる力を育成していくのである。

山本有三の言葉に，『たった一人しかいない自分を，たった一度しかない一生を生かさなかったら，人間，生きている意味がないのではないか。』がある。この言葉を胸に刻みながら，生徒らと共に『生きる力』を育成していくことが，私の理想の教育であり夢である。」

－－－－－－－－－－－－－－－－－－－－－－－－－－－－－－－－－－－

おわりに

ここに論文として展開されるものは，新規採用教員候補者としてのあなたの意見である。保護者でもないし，校長でもない。生徒の前に立った経験は，教育実習をした数週間でしかないことは分かっている。そのあなたに，子供たちを託そうとしているのである。よく，「信託」という言葉を使うが，その通りである。あなたを信頼して子供達を託そうというのだから，託す方もいいかげんな判断であなたを採用することは出来ない。信託するに値するかどうかを見極めるのである。

建設的な意見がなく，批判ばかりしている人物を，どうして信頼出来ようか。評論に終始し，足元を見ずに夢ばかりを追っている人物に，どれほどの実践力があるというのか。そしてもう1つ。文字は読んでもらうために書くのであって，文字の上に誠意が見えないものは，読んでもらおうという意思がないものと解せる。上手下手ではない。誠意の有無である。

失敗しない論作文

論作文の基本姿勢

論作文を書くにあたって，念頭に置くべき基本的な姿勢として，以下のようなことが挙げられる。

◆ 教師の立場に立って書く

教師としての自分を想定して書く。当然のことなのであるが，意外に気が付いていない人も多いのではないだろうか。えてして，今現在の自分の立場(身分)で書いてしまうことが多い。だが，訊かれているのは，教師であるあなたの対応や考え，もしくは，教師になる予定のあなたの抱負・目標である。だから，教師になったつもりで書かなければならないのは当然である。

◆ 題意を的確に把握する

①問題が何を尋ねているのかを認識する

命題を取り違えると，見当違いの論作文になってしまう。問題文を熟読し，何を訊いているのかを的確に捉える。

②行間に隠れた題意を読む

課題は問題文中に示してあるとは限らない。ある程度，行間に込められた意味を見いだす努力が必要なこともある。

③訊かれているのは知識や解説だけではない

知識や解説のみで終わらないように気を付ける。事典には載っていない，あなたの考えなどを必ず示すこと。

④問題の指す領域を明確化する

課題となる範囲を明確にし，話を限定して論を整える。あれもこれも述べようとすると，統制の取れていないものになる。

◆ 構成の柱を立てる

①中心テーマを決める

課題に対して，論の中心となる柱を立て，その柱に基づいて全体の構成を組み立てていく。

②3～4段の構成で書く

序論・本論・結論，又は，起・承・転・結のような構成を立てると，説得力のある，わかりやすい論文が出来る。

③改行は多めにする

1つの段落で1つの要点を説明する。論の展開が小気味良いリズムで進められる。

④行数配分を考えて書く

あらかじめ構想を立てて配分する。頭でっかちになったり，結論がなくなったりすることを避ける。

◆ 論旨を明確にする

①筋を一本通す

論文全体を貫く1つの論旨を明確に示す。

②読む人の立場になって書く

他人が読むということを考慮して書く。簡潔な文章，読みやすい字，一貫した論旨など，全てこの考え方に基づくと言って良い。

③不必要に内容を増やさない

あれもこれもごちゃごちゃ盛り込まず，不要な部分は思い切りよく省略し，要領よくまとめるようにする。

④具体性を持たせる

「一所懸命頑張るつもりです」や「親しみやすい先生になりたいと思います」などの一般論では，「良い先生になりたいです」と大した違いはない。どこをどう頑張るのか，親しみやすい先生になるためにどうするのか，を書くべきである。

◆ 文章の形式と約束を守る

①一文を短めに切る

句読点を多く用いて，だらだらと文を続けない。一文一文を簡潔にまとめる。

②長い文は避ける

不必要に修飾語を多用しない。一文はだいたい40～50字程度にとどめる。

③同じ文の結び方を続けない

文末表現は適宜変化を付ける。「～である」ばかりでは退屈な文になってしまう。ただし，「です・ます」調と「だ・である」調は併用しない。

④記号などの約束を守る

いわゆる禁則事項を守る。「　」や(　)の付け方，句読点の打ち方等に気を付ける。

◆ 文字や用語，表現に気を付ける

①誤字脱字は禁物

常識中の常識。言語道断。つまらないことのようで，確実に点を引かれる。

②表現技巧に凝りすぎない

変に表現を凝らない。冗長になり，論旨が不明確になり，肝心の結論が書けなくなる可能性もある。普通の表現で十分である。

③堅苦しい文章にしない

お役所言葉の，報告書か学術論文のような文章では，はっきり言って，退屈なだけである。妙に凝る必要はないが，人を惹き付けるような表現は必要であろう。

④専門用語を適切に使う

必要な専門用語は適宜使う。一般用語では正しく表現できない場合など，概念を明確にするためにも，使用する。

⑤共通理解のある用語で表現する

造語や難解な専門用語など，自分や一部の人にしか通用しない用語は用いない。変に権威づけをはからない。

論作文作成マニュアル

①問題文を熟読する

まずは問題文を熟読する。これを怠る人，慌てて書き始める人が多い。たとえ短い文章でも，繰り返して読む。一字一句も見逃さないようにする。出題の意図を早合点して，トンチンカンなものを書いてし

まうことほど，骨折り損なことはない。

②訊かれていることは何かを書き出す。

何を求められているのか，何を答えなければならないのかを書き抜いておく。これにより，論作文の主題を自分のなかで明確化しておく。

教育は，「子供たちの自分探し」を助ける営みである。生徒の「生きる力」の育成を重視するという観点から，専門教科の特徴を生かし，どのようなことを心がけて指導していきたいと考えるか。具体的に書きなさい。

以上の場合，きかれている内容は，「どのようなことを心がけて指導していきたいと考えるか。具体的に書きなさい。」であるから，これを書き抜いておく。

③問題文の重要な箇所に印を付ける

問題文中で，キーワードになっていると思われる部分，主題に深い関係がありそうな部分などに，下線を引いたり，周りを囲ったりする。さらに，それらを余白に書きだしてもよい。上の例なら，「子供たちの自分探し」を助ける営みや，「生きる力」の育成を重視するという観点，専門教科の特徴を生かし，などである。

④目をつぶって，印を付けたところを思い出し，イメージをかき立てる。

上の例で言えば，例えば，「子供たちの自分探し」から，「子供たちが何かをつかみ取ろうとして虚空をもがいているイメージ」「宝箱を開け，その中から子供たちが何を取ろうか迷っているイメージ」などを思い浮かべてみる。

⑤かきたてられたイメージや思い付いたアイディア，連想されることなどを，全て，単語でも良いからメモに取る。

頭に浮かんだことを何でもメモとして書き出してみる。イメージだけのものでもいいし，バラバラな単語でもいいし，絵でも図でも良い。予想される反論と，それに対する論駁（ろんばく）を用意するとなおよい。これらが意外なほど後で役に立つ。

⑥メモとして書き付けたものを，内容のつながりや関係性でグループ分けする。

単語と単語とを線で結んだり，線で囲んだりして，関連のあるもの，論理的につながるもの同士をグループ化する。全く他と繋がらないものがあっても，全く構わない。ただ，ここでは，まだ余り大きく括らない方がよい。だいたい，1段落にはいるものぐらいでまとめてみる。

⑦再び問題文を見直し，メモのなかで不要，あるいは不適切なものを選び，また付け足したりして，取捨選択をはかる。

再び問題文を良く読み直す。問題文の質問の主旨からずれているもの，自分の論の流れからはみ出るもの，全く関係ないものなどを捨てる。

⑧メモのグループをさらに大きな要旨ごとにまとめ，論作文の構成を決める。

序論・本論・結論という具合にまとめてみる。

⑨結論をまとめ，書き出し(序文)を考える。

序文と結論部がきちんと対応するようにし，中心となる論で自然につながるようにする。

⑩書く

時間配分・字数配分を考えて書くこと。

テーマで探る論作文

論作文対策の進め方

論作文対策の基礎として，文章を構成する技術と，教師の立場で書き進める姿勢はある程度確認できたであろう。よく言われるように，論作文の出題テーマに対する正解はない。書き手の分析や解釈によって，様々な結論が導き出される。教育の現状や理論を正確に踏まえ，独自の見解や事例を加味した論作文は，個性と同時に説得力を持つ。十分な説得力を持たせるには，出題テーマに対するアプローチのポイントを見極め，キーワードを使用すると良いだろう。そこで必要となるのは，自身の知識と経験をアウトプットする技術なのである。この技術を身に付ける第一歩は，受験する自治体の過去問を分析・傾向を探るという作業である。出題テーマの傾向が把握できれば，それに沿った文献や資料などを読む時に，アウトプットの方法と内容を意識するようになる。自分ならば，この「ネタ」と「体験」をこのように組み合わせるとか，またこの「答申」はこんな感じに活用しようという意識を念頭におく。その際，箇条書きのメモを残すとより有効である。自然と頭と手が覚えてくれるはずである。これは論作文試験だけでなく，面接などにももちろん有効である。

論作文の出題テーマには，出題者側のねらいが込められている。書き手は，そのねらいを適切にとらえたアプローチを進めねばならない。その際に，キーワードを効果的に使用できれば，印象が良くなる。そのような視点から，論作文の頻出テーマである**「現代の教育課題」「学習指導」「生徒指導」**の3分野を中心に対策を考えていく。

現代の教育課題

現代の社会は，急激に変化している。教育も同様であり，数年前までは考えられなかった課題などに対応すべく教育改革が進行中である。これからの教員には，新時代に適した資質能力と対応力が必要である。当然のように近年の論作文でも，教育改革の動向や教育時事は頻出している。自治体独自の教師像や教育方針と関係づける場合も多くなっている。

●教育改革の動向

現代の教育課題に関する出題テーマの中で，多くの自治体で扱われているのが教育改革の動向に関する内容である。受験者が，法令や答申を理解し，教育改革の方向性を把握しているか，改訂された学習指導要領を読み込んでいるかを試している。近年の傾向としては，「言語活動の充実」や「外国語活動」などのキーワードを示しながら，受験者の教育観や指導観を問う形式が多くなっている。

アプローチのポイント

■改革動向と自身の取り組みをリンク

出題テーマを受け止め，改革の動向や重要性を示した後に，自身の実践や体験を組み込む。抽象論に陥らないように，教師としてやるべき方向を主張する。

■「生きる力」を基礎とする

学習指導要領の総則にも示されているように，「思考力，判断力，表現力等をはぐくむ」「基礎的・基本的な知識及び技能を活用」などの文言が大切となってくる。

■言語活動の充実を意識する

教育の基礎は「言語」である。言語活動の充実がなければ，これからの学校教育は成立しない。志望教科での言語活動の役割を再確認する姿勢を示す。

- □ **人間力**　中央教育審議会の答申に用いられている。「学校力」「教師力」も同様である。
- □ **知識基盤社会**　知識や技能の活用，学習習慣の確立など背景の理解も必要である。
- □ **自ら学び自ら考える力**　社会を生きていく能力であり，広範囲な力と言える。

●教育時事

現在における諸課題のすべてが教育時事である。その内容は，学力や規範意識の低下・情報教育・小一プロブレム・学社連携など多様となる。多くがトラブル的(ネガティブ)な内容であり，まさに受験者の教師としての対応力が試されている。これらの出題テーマに取り組むには，背景の把握→課題の明確化→自分の試みや実践案→決意という流れが適している。一般論に偏らず，独自の考えを交えて考察すると評価が高まる。

アプローチのポイント

■出題テーマと背景の正確な状況把握

出題テーマに向き合う流れが絶対条件である。自分の解釈や得意分野に引き込み過ぎると柱がぶれる。それを防ぐため，背景や課題自体の把握を十分に展開する。

■教育理論や教育動向への視野

独自の主観だけでなく，理論的側面も求められる。ある程度の用語の理解と一般論を踏まえて，教育課題の解決に向けての自分の実践や決意を示そう。

■子供を大切にするという教育観

教育時事の論作文は，行政や教師の立場からの考察となり，子供自身が見えにくい傾向がある。「子供」の側を忘れていないという文章や主張も必要である。

- □ **情報活用能力**　情報を活用するだけでなく，情報モラルや教師の指導力も大切である。
- □ **学校，家庭及び地域住民等の相互連携協力**　教育基本法の第13条の意味も含む。
- □ **組織マネジメント**　学校運営の基礎的な考え方で，教師同士の連携協力の考え方である。

●自治体独自の題材利用

近年の傾向として，各自治体が独自に行った調査(資料)や，求める教師像(宣言)を踏まえた出題テーマを設定する場合が増えてきた。これは，自治体の方針を理解した教師を採用したいという意図である。ここでは，資料などを読み解く能力と志望自治体の方針把握も求められる。この種の出題テーマの場合，論作文を構成する上で，扱われる資料や宣言をどこに位置づけ，そこから何を主張するかも課題となる。

アプローチのポイント

■全体構成の組み立て

資料や宣言の解説は不要である。導入でそれらの背景と現状に触れ，本論で自分の校種や教科に引き寄せた具体例を展開し，まとめで再び引用すると良いだろう。

■自治体の方針をチェックしている姿勢

当然であるが，受験自治体のホームページや動向の把握は怠りなくしておく。求める教師像などの文書で，出題テーマに含まれていない文言も示すと効果が大きい。

■ローカル色のある事例の用意

志望動機と関係づけるような形でローカル色のある体験を組み込むのも手段である。もちろん出題テーマは予測できないので，いくつかのパターンを用意しておく。

- □ **求める教師像**　各自治体で異なる。自分の教師観との結びつきも意識する。
- □ **自治体の調査**　過去数年間に行われた調査や報告書には目を通しておく。
- □ **教育委員会のHP**　受験自治体の動向や方針を探る上で不可欠と言えるだろう。

学習指導

教師は授業で勝負すると言われるように，学習指導は教職の要である。そのため出題テーマでも多く扱われている分野である。読み手に，この受験者には子供の教育を任せられるという印象を持たせる必要がある。学習指導の手順や体験を綴るだけでなく，具体的な方策や指導理念を示し，教師としての資質能力を表現しなければならない。

●学力と学習意欲

学ぶことの意義や楽しさを子供たちに実感させ，学習意欲を高める指導ができるかが問われる出題テーマである。ここでは，子供の実態や生活が把握できているか，教師としての力量は十分に備えているかが問われる。PISAなどの学力調査の結果から，学習指導の工夫が必要となる現状の把握，授業の工夫や改善策を具体的に論じていくと良いだろう。知識・技能の習得と思考力・判断力等の育成のバランスの視点も忘れないこと。

アプローチのポイント

■学習指導要領の記述を活用する

今回の学習指導要領改訂の主な改善事項は，すべて学力と学習意欲に関係すると言える。学習指導要領の記述から具体的な手だてを検討する道筋も悪くない。

■志望校種や教科に即する

具体的な事例や対策を挙げる時には，志望校種や教科をイメージする。一般論ではなく，教師(自分自身)としての立場からの論述が大切になる。

■自分自身に置き換える

私たちは，自分が「おもしろい」「楽しい」と思えば，学習意欲が高まる。児童生徒が「おもしろい」「楽しい」と思う工夫を，学習指導の中に入れる。

□ **確かな学力**　豊かな心・健やかな体とともに「生きる力」を構成する要素である。

□ **個に応じた指導**　特性や個性の育成・指導の個別化・学力差などの意味を含む。

□ **学力低下**　各種の学力調査にみる学力も大切である。学力とは何かという問題が背後にある。

●授業論

教科指導や授業のあり方などを出題テーマに取り入れ，受験者の授業実践力を推しはかろうとするパターンである。この類の出題テーマ対策では，学力低下の現状や教師の資質能力の向上が背景として浮かぶ。そこから教師としての努力や具体策へとつなげていく展開が一般的である。児童生徒が楽しいと感じる授業を組み立てる工夫が欠落していると，漠然とした論述になってしまう。独自の視点や方策を加味した具体策を示そう。

アプローチのポイント

■学力低下と授業力の関係

各種調査に触れながら自分の認識の客観性を示した後に，授業改善の方策を述べる。志望校種や教科を意識して，指導内容や方法の工夫を考えておこう。

■「わかる授業」は児童生徒の意識変化を生む

1コマ授業が終了した時，児童生徒が何か「ふ～ん」「なるほど」と思わなければ，それは「わかる授業」とは言えない。「ふ～ん」と思わせるための工夫を考える。

■具体策は具体的に

指導方法の工夫は，児童生徒との関わり方まで踏み込む。なぜ個別指導や習熟度指導を行うのか，どのような場面で行うのか，教科もイメージしておく。

□ **授業力**　教材研究・指導技術・計画性だけでなく，使命感や子供理解も含む。

□ **学ぶことの楽しさ**　中教審答申の文言にある。「わかった」「できた」の心の動きである。

□ **ほめる**　ほめられた経験は印象に残る。児童生徒の努力や達成をほめよう。

●体験学習や総合的な学習の時間の体験

社会の変化に伴い，児童生徒の体験活動が少なくなり，学校において体験を指導する場面が多くなっている。教師としては，指導するだけでなく，体験による学習の可能性も把握しておかねばならない。社会奉仕や職場体験などは豊かな人間性を育成し，社会の一員としての自覚と資質の基礎となるはずである。論述の展開としては，体験が求められる背景分析→体験の意義→自身の取り組み→学ばせるべき事柄や決意という流れだろう。

アプローチのポイント

■背景の把握と分析

すぐに体験の意義に触れるのではなく，背景の分析も必要である。学校教育法や中教審答申および学習指導要領に示された体験活動などにも触れておくと良いだろう。

■自分の得意分野に引き込む

体験活動の範囲は，社会奉仕，自然，勤労，職業体験など多岐に及ぶ。自分の経験した(指導できる)体験に限定して具体的な実施案や留意点を示す。

■体験活動は多くの人の協力が必要

教育課程に体験活動を取り入れる場合は，複数の人の協力が必要である。教職員だけでなく地域や保護者との連携も視野に入れた構想を考えておくと良いだろう。

- □ **集団宿泊活動**　自然体験活動とともに，小学校で重点的に推進する体験活動である。
- □ **職場体験(インターンシップ)**　中高で推進される体験的なキャリア教育である。
- □ **ボランティア**　活動から学ぶ内容や姿勢，活動の意義，活動の精神なども大切である。

生徒指導

指導力のある教員を求める声が高い現在，論作文でも指導能力を問う出題テーマが多くある。読み手は，生徒指導の場面において，受験者がどのような対応を試みるか，意欲と資質は十分に備えているかを判断する。領域は，児童生徒の問題行動から，学級経営や進路指導までと広範囲である。もちろん現在の諸事情も踏まえる必要がある。

●問題行動

教師として，児童生徒の問題行動に対して，適切な対応力と指導力を有しているかを試す場合の出題テーマである。ここ数年は，いじめや不登校に限らず，非行化や孤立化なども扱われている。論述は，原因把握や事前状況の分析→経過中の対応→解決への対策を示すという流れで構成することになるだろう。一般論ではなく，教師(担任)として，児童生徒の成長に責任を持つという立場で，できる限りの対応と対策を具体的に考察する。

アプローチのポイント

■児童生徒の立場に立って指導

特にいじめなどの問題行動の場合は，実態に即して児童生徒の立場を意識した取り組みが必要である。生徒指導にあたる心構えがここにある。

■家庭と地域社会との連携

教師の努力のみにより問題行動が解決するケースは多くない。学内だけでなく，家庭や地域社会および関係機関との連携が必要である。この視点も加味する。

■いつもネットワークを意識する

大切なのはネットワーク。担任と児童生徒，児童生徒同士，教師同士，担任と保護者など。1つのネットワークが壊れても，他が残れば問題は大きくならない。

- □ **早期対応**　何事においても早期対応が解決を早め，再発を防止するはずである。
- □ **仲間づくり**　児童生徒にとって，学級を楽しく自分の居場所にするように心がける。
- □ **教師への信頼**　教師の人格や熱意，それらが児童生徒から信頼を得る要素と言える。

●学級経営

学級の雰囲気は，各担任の学級経営に対する考え方や取り組み姿勢によって大きく異なる。もちろん，皆さんも教師となれば，当然のように自分の学級を持つことになるだろう。そこで求められるのは，自身の学級経営観である。児童生徒は学校生活の大半の時間を，自分の学級で過ごす。児童生徒が学級内に自分の居場所を見つけられ，個性や能力を発揮できれば，学級が楽しい場になる。そうすると，教師の学級経営も自然と軌道に乗る。

アプローチのポイント

■学級は基礎的な集団

学級は生活や学習の集団であり，児童生徒自身も集団自身も成長するという視点が大切である。成長の速度や方向は，担任である教師の指導力によるのである。

■志望校種の担当学年をイメージ

取り組み姿勢や新学期の指導などを問われた場合，担当学級を具体的にイメージする。経営方針や学級目標および保護者との協力などが見えてくる。

■信頼関係と人間関係が基礎

教師への信頼と教師および児童生徒同士の人間関係の善し悪しが学級の価値を決める。関係が確立すれば，けじめや他者を認め合う意識も生まれるはずである。

- □ **自己実現**　活動を通して力を発揮し成長しようとする欲求を学級で実現させる。
- □ **学級王国**　教師や保護者との連携で，閉鎖的な学級王国からの脱却を心がける。
- □ **危機管理**　子供の安全確保や防犯意識を高め，同時に教師の意識向上も大切になる。

近年の新しい出題テーマ

社会状況や環境の変化により，ここ数年では，キャリア教育・規範意識・情報化社会などを正面に据えた出題テーマも増加傾向にある。これらの対策であるが，最初になぜこのような分野からの出題テーマが組まれるのかという出題意図を検討する。その上で，意図に沿った内容を組み立てればよいのである。論述の流れとしては，現状把握と分析，そして対策や自分の体験と事例，まとめとして自分の決意と教師としてできる実践などと進むはずである。一般論や抽象論に終始しないように，独自の経験や具体例を加味する必要もある。

また，志望校種別や教科別および志望者の経験を加味した特例選考により，出題テーマを変化させる自治体もある。それらの傾向を概観してみる。

志望校種別のうち，特別支援学校では，教師観や指導力を問う出題テーマが多く見られる。他校種と独立して設定している意味を考え合わせると，専門性の高さが求められているはずである。養護教諭と栄養教諭の場合は，保健室登校や食育などの事例への対応や指導の具体策が問われるケースが多いようである。

教科別に出題テーマを設定する自治体は多くはない。そのようなテーマが出題された場合，論作文としてかなり難しい対応が必要となる。教科の専門知識と学習指導方法および指導上の留意点などの知識と技術が求められる。単元案や学習指導案を論作文で表現するようなイメージである。

志望者の経験を加味した特例選考とは，一定の条件を満たした社会人経験者・教職経験者・国際貢献経験者・スポーツや芸術活動表彰者などが，採用試験を受験する際に一部筆記試験を免除される制度である。この特例選考では，論作文がかなり重視されている。論作文では，志望者自身の経験について問われる傾向があるようである。そのため，各特例選考の区分ごとに課される出題テーマは異なっている。いずれにしても，自身の経験を教育現場でどう活かすか，経験を指導に組み込みどんな成果が期待できるか，などの観点が中心になると思われる。

論作文合格のファーストステップ

教員採用試験の論作文

論作文試験を行う目的は，学力検査——特に客観テスト——では判定しがたい資質について，考査・評価するところにあり，受験者の答案を多角的に考査し，将来，教職員として教壇に立つにふさわしい資質を見出そうとするものである。それは，そういう資質をうかがわせるような内容があるかどうか，ということだけに限らない。一字一字の書き方，句読点の打ち方などにも，教員にふさわしい資質はうかがえるのである。

さて，具体的に，教員採用試験の論作文試験について述べてみよう。教員採用試験における論作文は，だいたい以下のように分類できる。

A：小論文——論説文・評論文
B：作文———感想文・解説文・手紙文

このうち，「『チョウ』と読む漢字はたくさんあるが，その中から1つを選んで，それに関連した題をつけて論文を書け」，「『未来』という語を用いて題名をつけ，それについて論述せよ」というようなものを除けば，ほとんどが課題作文である。

論文と作文

「論作文」というのは，「論文」と「作文」の意味であり，各種の採用試験や大学の入試で行っている「論文」あるいは「小論文」は，800字から1200字程度の〈論文形式の作文〉という意味である。もちろん，「小論文」というような呼称は，時間や字数に制約のある，特殊な条件を考えての仮称である。

では，論文形式とは何か，それは問題の提起と，論証性をもった論旨の展開と，それに基づく結論を有する文章の構成をいうのである。だから，「小論文」には，上に述べた3つの部分による構成が不可欠の条件となる。感想を述べたり，説明をしたりしただけの文章は，「論文」の範疇に属さない。

■■ 論作文を書く手順

すでに述べたように，教員採用試験における小論文・作文は，1. 課題作文であり，2. 字数の制限，あるいは目安が示され，3. 時間の制約がある。さらに，4. それを書く場所(試験場)が限定され，5. 監督者がおり，6. 厳密な評価がくだされることを前提としている。

教員採用試験における小論文・作文の時間的制約は，40分から90分の間，字数は600字ないし800字というのが一般的である。

大学生の叙述能力は，400字(原稿用紙1枚)当たり，15分前後というのが普通である。したがって，60分間・800字という条件のもとで書く場合，実際に叙述に使う時間はせいぜい30分程度ということになる。そうすると，残りの30分は実際には書いていない時間ということが了解されよう。出題者はそれを十分承知していて，叙述以外の30分をどう使うか，いや，どう使わなければならないか，を含めて問うているのである。

書ききれない人ほど急ぐものである。大学における，学年末試験のときを思い出してみればよい。試験開始の合図とともに，鉛筆の音が聞こえ始める。それでいて，2，3分もすると手を止めて，頭を抱え込む人のなんと多いことか。

800字の叙述に必要な時間は30分程度，与えられた時間は60分である。仮に叙述後の推敲に10分をあてるとしても，叙述前にはなお，20分の余裕があるはずだ。それを十分に承知しておくことが望ましい。叙述前の20分間をどう使うか，そこにも出題者の意図がある。また，その20分間で，合否は決まる，といっても過言ではあるまい。

そこで論作文を書くための合理的な手順というものを考えてみなければならない。

読者の中には，消防署の職員(消防士)が，始業時に，消防車の操作訓練をしているのをみかけた人があるだろう。毎朝，きまった手順で，それを繰り返しておくことが，有事の時に効果があるからである。また，自動車教習所に通ったことのある人は，発進前の手順をうるさく言われた経験があるだろう。ドアを開ける前に，後方の確認をおこたったために，大きな事故を招いたという事実は少なくない。

論文や作文を書く場合も，合理的な手順をふむことによって，好首尾を期待することができるのである。以下，その手順について述べてみよう。

①題意の把握

前述のごとく，教員採用試験における論作文は，ほとんど課題作文である。したがって，与えられた課題が，何をどのように述べることを求めているかを把握することが第1のポイントとなる。課題には，「あなたが中学校または高等学校で教えを受けた先生の中で，最も印象の深い先生について，その理由をあげて具体的に述べなさい」(埼玉)というようなものもあれば，「強さについて」(山形)というようなものもある。

②題材をさぐる

文章を具体的に展開するためには，効果的な題材を選ばなければならない。書ききれない人は，課題を一見して，瞬時に思いついた題材にとびついて，いきなり書き始めることが多い。時間をかけて題材をさぐり題意に沿って，それを選択していないと，叙述を中断せざるを得なくなる。

題材は，読み手にとってもわかりやすいものでなければならないが，何よりも自身にとって確かなものであることが重要である。したがって，まず，自身の内部から周辺にかけて，それをさぐることが望ましい。

特殊な事実や不確かな伝聞などはできるだけ避け，読み手にも興味がもてるような，そういう題材を選ぶことが望ましい。

③主題の決定

叙述を通して，何を述べるかを決めることである。自身の体験や見聞を列挙するだけで，答案作成者の存在感のない文章は，論説文とはいえないのである。選択した題材について，答案作成者が最も述べたいと考える事柄，すなわち，これこれのことについて，私はこう考える，あるいはこうあるべきだと思う，というようなことを叙述前に決めておくことが必要なのである。

主題を明確に意識しながら書くために，それを1センテンスにまとめることが難しいようだったら，まだ主題は十分にかたまっていないのである。また，その際に議題とのかかわりをもう一度確かめてみることも必要である。

④構想を練る

文章の中で述べようとすること(主題)を効果的に表現するために，文章をどのように組み立てたらよいかを考えなければならない。つまり，アウトラインを考えることである。

アウトラインを作るとき，問題提起を含む書き出しの部分，説明や例証の展開の部分と，結論や感想などを述べる結びの部分に分けて考える。各種の就職試験のための作文参考書では，種々の構成法をあげて解説を加えているが，わずか原稿用紙2枚程度のものであるから，あまり難しく考えて気負うこともなかろう。論作文形式以外で，例えば，「思い出す人」というような課題でも，その人との出会いを記す書き出しの部分，思い出を記す展開の部分，感想を記す結びの部分というふうに分けて考えるのが無難である。また，段落の数も，800字程度のものなら，書き出しと結びの部分は1ないし2，展開の部分は2ないし3くらいが適当である。これを図示すれば下のようになる(数字は段落を示す)。

ア．書き出しの部分	① 書き出し
	② 問題提起(発端，出会い)
イ．展開の部分	① 事件a(経過，説明，描写など)
	② 事件b
ウ．結びの部分	① 結論(感想，展望)

展開の部分は(長)論文でいう本論にあたる部分であり，ここでは書

き出しの部分で取り上げた事柄や問題についた実例などをあげ，読み手に対して，自身の見解を理解させ，説得するための論述を試みる。いわゆる議論文は，書き手のものの見方や考え方などを主張するところに意味があるのだから，自身の見解を堂々と述べることが望ましい。また，感想文では結びの部分に記す感想や展望を読み手に納得してもらうために，できるだけ理屈は避け，事実をありのままに述べることが望ましい。

叙述する

叙述主題文を念頭において，アウトラインに従って一気になすのがよい。途中で手を休めるようだと，文章は思わぬ方向へ流れてしまうことになりかねない。そのためにも，叙述前に十分な時間をかけておくことが必要である。

なお，試験における筆記具は鉛筆を勧める。それも少しやわらかめの，Bあるいは2B程度のものがよかろう。ボールペンの類は，使いなれていても，訂正には不便である。したがって，叙述後の訂正などは全く考えないか，あるいは絶対の自信をもって書く場合以外は用いないほうがよい。自信をもって，堂々と書くのはよいことだが，試験の答案として書くのだから，若者らしい真摯な態度や謙虚な姿勢を感じさせる方がより効果的である。

推敲をする

書きあげた文章は，時間の許す限り読み返してみることが必要である。試験の答案として書いた文章だから，大幅な加筆や訂正は難しい。したがって，用字・用語や句読点などに重点をおいて，慎重に推敲を重ねることが望ましい。

前述のごとく，叙述はアウトラインに従って，一気になすものだから，後で読み返してみると，思わぬ誤字や脱字，あるいは文のねじれなどに気が付くものである。

加筆や訂正などによって，文字がマス目をはみ出したりすることを，恐れる人もあるようだが，推敲の有無は採点上の大きなポイントだから，必ず行いたい。

論作文評価の基準

試験の答案として書く論作文であるから，その評価の基準を意識して書くことも必要である。教員採用試験における論作文評価の基準というようなものは，いずれの都府県でも公表していない。今後もそれを公表することはなかろう。それで，「学習指導要領」国語科の表現(作文)についての指導事項などを参考に，一般的な評価基準を考えてみよう。

①形式的な面からの評価

a　表現法に問題はないか。

b　語句は文脈に応じて適切に使われているか。

c　文(センテンス)の構造や語句の照応などに問題はないか。

d　文章に推敲の跡がうかがえるか。

②内容的な面からの評価

a　題意の把握は的確か

b　自身の考え方やものの見方をまとめ，主題や論旨が明確に表現されているか。

c　論点が整理され，段落に分けて論理的に構成されているか。

③総合的な面からの評価

a　教育(教師)についての関心はどうか。

b　教師に必要な洞察力や創造力，あるいは教養や基礎学力は十分であるか。

c　ものの見方や考え方は教師として望ましい方向にあるか。

大体，以上のような評価基準が考えられる。これは，あらゆる議題に対して共通というものではなく，それぞれの議題によって，そのポイントの異同がある。また，それぞれの都道府県によって，このうちのどこに重点をおくか，それも同一ではないだろう。

合格するための論作文

問われるのは，あなたの人間性・教師力

教員採用試験では，あなたが教員になった場合，あなたに子供を教え導く力量や資質があるのか，あなたに当該都道府県等の教育を任せることができるのかが試される。

その中で，論作文では，あなたが教育に対してどの程度の意欲をもっているのか，また，どんな考えをもっているのか，人柄はどうかという，あなたの人間性や教師としての本来備えている力が問われるのである。

したがって，論作文問題には知識や計算力を問うような絶対的な正解はないのである。回答は人それぞれに異なるということである。

論作文で書いた内容は，教員になろうとするあなたという人間の表明である。人は同じ出来事に出会っても，それに対しての見方や考え方・感じ方が異なり，さらに，それについての表現も異なるわけだから論作文の設問に対して書いた内容が異なるのは当然のことである。

教員は子供を教え導き，育てることが主な仕事であるので，知識や技術も必要なのは当然なのだが，それ以上に，子供と心と心をいかに触れ合わせるかが大事なことである。したがって，論作文では，どれだけ知っているかではなくて，子供との心と心の触れ合いを，いかに踏みこんで書いているかで，模範的な回答になっているかどうかの程度が決まるのである。そして，そこには自ずと，あなたの人間性にかかわる教育に対する情熱や教育に対する見方や考え方，人間としての教養なども表明されているのである。まさに，「文は人なり」ということである。

同じ設問であっても，その内容を肯定的にとらえて書く人もいれば否定的立場で書く人もいるのが自然であり，仮に肯定的立場で書く人同士でも，書いた内容の深さや浅さ，視野の広さや狭さ，具体的か抽

象的かなど，その人なりの人間性が現れてくるものである。

何を書くか，いかに書くか

前述したように「文は人なり」で，書くことによっていかに自分らしさをにじみ出せるのかが試されるわけだから，「何を書くのか」と「いかに書くのか」ということが大切になる。

もちろん，「何を書くか」がわからなければ，書きようがないので「いかに書くか」までは至らない。しかし，一般的に考えて，「何を書くか」は，日々練習で力を入れているが，「いかに書くか」は意外と意識されていない場合が多く，あいまいで，適当に済まされているのではないだろうか。

「何を書くか」で，設問をよく理解し，相対して書いていけばまずは合格圏内に入ると思われる。その中でも抜きん出て，合格安全圏に入るためには，「いかに書くか」を学ぶことである。

論作文では，教員としての優等生的な見解にとどまらず，いじめ・不登校・学力向上など困難な課題に立ち向かっていける教員としての意志・抱負・識見が問われる。

国家や社会が求める教員としての資質や能力を踏まえ，子供や父母の期待に応え，子供を指導・育成するのだから，知識は必要条件ではあるが，知識があるだけでは問題は解決できず，物識りの域にとどまってしまう。

自分が思い描いている理想的な教育を目指して，見通しを立てて問題をとらえ，解決の筋道を考え，学校という組織の一員として，校長を中心とした，他の教職員と協力して，問題を解決し，一人ひとりの子供を育てるという，抱負や識見をもつ必要がある。

学校の最終責任者は校長であり，学校は校長の経営方針に基づいて運営され，日々の実践に当たる。教員は校長の意図や指導・助言を受けて子供と向かい合い，子供を指導し，育てるわけだから，他の教職員の理解や承認が得られなければ，どんなに素晴らしいと思われるアイデアや行動であっても自分だけの独りよがりになってしまい，学校には受け入れてもらえない。

自分よりももっと広い視野で考えている教員もいれば，別な対応のほうがよいと考える教員もいることを考え，ものごとの是非だけでなく，視野の広狭，考えの深浅，方法の多様性なども省みて，自分の抱負や識見をより確実なものにするよう心がけることである。

教員は学者や評論家ではなく，教育における実践当事者である。もし，書いた内容に子供を思いやる心情が感じられないならば，論理的に模範的なものでも，傍観者の弁と同じである。

論作文を書く際，自分の考えをもった上で，子供をその考えの中心に置き，子供と共に自分の生きる問題として書けば，個性的で，明晰な，力強い論作文になるであろう。

論作文作成にあたってのポイント

模範的な論作文とは，設問に対して，ズレずに正対していて，明確に，具体的に自分の考えが書かれている答案である。

しかし，実際には，設問のねらいとズレていたり，くり返しが多かったり，文と文のつながりに飛躍があったりするなどの問題点が数多く見受けられる。

論作文の作成にあたっては，これらの問題点の改善・克服が必要となってくる。

そこで，下記のような点に留意することが大切である。

〈設問に正対するために〉

設問に正対し，その意図を正しく理解するためには，あたりまえのことではあるが，気持ちを落ち着けて設問をよく読むことである。

その上で，次のことに気をつけることだ。

○設問文のキーワードをとらえる

設問文で，何について書くのかは，文中のキーワードをとらえることである。キーワードがわかり，それに沿って書いていけば設問の意図からズレることはない。

○設問の出された背景を考える

設問で問われた問題や課題は，現在学校で解決を迫られている問題であったり，これからの社会に必要とされる資質や能力であったりする。さらに，その問題点は学校が主に担うものであったり，家庭や地域・社会が責任を負うべきものであったりする。また主に学力にかかわるものだったり，生活指導にかかわるものだったりもするので，設問の内容と背景をわきまえることが重要である。

○自分の好み・思い込みにひきずりこまない

設問を読んで，キーワードを把握し，何を書けばよいかがわかった時，その内容について何らかの直感が働くことがある。しかし，その直感は自分の興味・関心による自分好みによる先入観による場合が多く，客観的に見すえたものではないため，いろいろなことを書いても，ねらいの中心よりは，そのまわりを堂々巡りしがちである。直感は大切にしながらも，背景や前提条件に関連する事柄などをも考え，設問にズレずに正対するよう心がけることである。

また，設問に正対していながら，書いていくうちに，自分の思い込みの方へひきずりこんでしまう場合もある。

この場合，前提条件や関連する事柄が欠けていたり，具体性のない，学校の実践に結びつかない論になったり，極めて特定的・断片的な場合を想定していたりするので，留意したい。

○設問のねらいの受け止め方が大ざっぱで表面的にならないようにする

大ざっぱで表面的な受け止め方をして書いた論作文は，人の心を打たない。その上，雑な人柄として評価されかねない。

教育問題について，その解釈・理解の仕方と，自分が教員だったらどうするかという立場に立った解決策について，常日頃から考えておくとよい。

○設問のねらいの受けとめ方が，一面的で狭すぎないようにする

一面的な受け止めと視点から書かれた論文は，大事なこと，出

題者が是非ふれてほしいことにふれずじまいになる場合が多い。自分の考えが述べられていなかったり，独善的になったりしがちなので，ふだんから心することである。

○設問の狙いを受け止め，自分はどうするか

よく「学校は～することが大切である」「教員は～する必要がある」といった論作文が見受けられる。これだと第三者的な立場で書いていると評価されてしまう。これを「私は～する」と自分を主語にして書くと，当事者意識が高いと評価される。自分の生きる問題として受け止めるよう心がけることである。

〈わかりやすい，すっきりした表現にする〉

○くり返しや重複をさける

論作文を書いている中で，答案が終わりの方に近づくと，それまで書いていることが物足りなく思えたり，今まで書いたことをふり返るゆとりがなかったりして，あれも，これもと，同じような内容をくり返し書きがちである。

同じような内容の重複を整理することにより，すっきりした文になり，わかりやすくなる。

○一般的な語句や内容は，具体的な内容にかえる

論作文では，一般的な語句を使ったり，一般的な内容表現がよく見受けられる。それらの語句や内容表現は抽象的なため，その具体的な事柄や内容は人によって異なり，さまざまなとらえ方ができる。自分の意図を正確に理解してもらうためには，具体的な内容表現にする必要がある。

例えば，「学力向上を図る」を「読解力や計算力を高める」とか「学習意欲を高め，理解力を伸ばす」に替えると，より具体的になり，自分の考えが正確に伝わりやすくなる。

○ごちゃごちゃな表現を整理し，すっきりさせる

論作文を一読して，ごちゃごちゃな内容表現だったり，意味がとりにくい場合がある。このような論作文には，仮説や提言が実践や方策をはさんで前と後にくり返されていたり，また，ずるず

ると続けられたりしていることが多い。

文のまとまりを単純に，「そこで」→「たとえば」→「これからは」とか，「たとえば」→「そこで」→「これからは」などと，統一づけて書くようにすれば，すっきりとわかりやすくなる。

○センテンスの長さを簡潔にする

センテンスがやたら長いことがよくある。これは自分の考えをよくわかってもらおうとするあまり，一文の中に多くの思い・内容を加えることから生ずる難点であり，自分の考えがまだよく整理されていない場合が多い。

センテンスは短くするように心がけ，複文で長く，ややこしくなりそうなものは，2〜3の単文にし，「そして」「それから」「それは」などのつなぎ言葉で結ぶようにすると，簡潔でわかりやすい論作文になる。

今，求められている教師力

日本の教育の方向や内容を決める中央教育審議会の答申「新しい時代の義務教育を創造する」には，「新しい義務教育の姿」の中で，教師力が重視され，次のように書かれている。

学校の教育力，すなわち，「学校力」を強化し，「教師力」を強化し，それを通じて，子供たちの「人間力」を豊かに育てることが改革の目標である。

さらに，「あるべき教師像」として，下記のことが示されている。

〈教職に対する強い情熱〉

教師の仕事に対する使命感や誇り，子供に対する愛情や責任感などのことである。また，教師は，変化の著しい社会や学校，子供たちに適切に対応するため，常に，学び続ける向上心をもつことも大切である。

〈教師の専門家としての確かな力量〉

「教師は授業で勝負する」と言われるように，この力量が「教育のプロ」たる所以である。この力量は，具体的には，子供理解力，児童・生徒指導力，集団指導の力，学級作りの力，学習指導・授業づくりの力，教材解釈の力などから成るものと言える。

〈総合的な人間力〉

教師には，子供たちの人格形成にかかわる者として，豊かな人間性や社会性・常識と教養・礼儀作法などをはじめ，人間関係能力・コミュニケーション能力などの人間的資質を備えていることが求められる。また，教師は，他の教師や事務職員・栄養職員など，教職員全体と同僚として協力していくことが大切である。

また，東京都教育委員会は「授業力」の向上について，以下の6つの構成要素をあげている。

○使命感・熱意・感性

ものごとを豊かに感じ取り，児童・生徒が身に付けるべき力を把握し，自らの資質や能力をも高める努力をすること

○児童・生徒理解

実態把握のための専門性をもち，児童・生徒一人一人の状況を深く理解すること

○統率力

広い視野で全体を見渡し，児童・生徒の信頼を得て，学習集団を1つにまとめ，学習のねらいや方針に沿って導くこと

○指導技術

○教材解釈・教材開発

○指導と評価の計画の作成・改善

論作文予想課題集

Q1 これからの教育では，これまで以上に教師が子供一人ひとりに向き合うことが求められます。このことについて，あなたはどのように考えますか。また，あなたは子供たちとどのように向き合いますか。具体的に述べなさい。

解題

設問では，「これまで以上に教師が子供一人ひとりに向き合うことが求められます」とある。なぜその必要があるかをプラス志向で捉えるのである。

急激に変遷する世の中であれば，子供たちも多様化している。教育は個の可能性を追求し，そして育成するのである。学校という集団教育はその一つの手段である。教師は新たな時代を創造する子供を育成するため，「個性尊重」や「能力開発」といった前向きな考え方で臨むことである。そこに個に応じた教育の必要性がある。

志望校種の教師として，近未来に何をするかと問われているのである。教科科目の授業の中での個に応じた指導方法を忘れてはならない。専門職教員としての筆者の人柄をにじませるのである。

POINT

1 「これまで以上に」の理由を，子供の学力低下や家庭教育力の低下，あるいは校内暴力の多発化などとしない。なぜならば，教育は未来志向の営みだからである。それらの問題がなくなれば「一人ひとりと向き合う」必要性がなくなるという論理になってしまうからである。

2 「一人ひとりに向き合う」の理由づけは，中央教育審議会の答申や学習指導要領にあるからとはしない。筆者の教師としての使命感や情熱，専門職教員の信念として述べるのである。

3 「一人ひとりに向き合う」とは，個人面談をするということではない。授業の全体指導の中でも，一人ひとりと向き合うことができるはずである。いや，それができなければ専門職教員ではないともいえる。

4 志望校種の子供の特性を，どのように踏まえて向き合うかである。養護教諭志望であっても校種を特定して述べるのである。

5 特別支援学校教員は，発達段階より障害種を踏まえた配慮が求められる。

Q2 **子供の教育における学校の果たすべき役割の中で，あなたが最も大切だと考えることは何ですか。その理由を踏まえて述べなさい。また，その役割を果たすために，あなたは教師としてどのように取り組みたいかを2つ以上の視点から具体的に述べなさい。**

解題

教育基本法には，「教育の目的」として，

①人格の完成を目指し

②平和で民主的な国家及び社会の形成者として必要な資質を備え

③心身ともに健康な国民の育成を期す

とある。

また，「教育の目標」として5本の柱を掲げている。

1　幅広い知識と教養を身に付け，真理を求める態度を養い，豊かな情操と道徳心を培うとともに，健やかな身体を養う。

2　個人の価値を尊重して，その能力を伸ばし，創造性を培い，自主及び自律の精神を養うとともに，職業及び生活との関連を重視し，勤労を重んずる態度を養う。

3　正義と責任，男女の平等，自他の敬愛と協力を重んずるとともに，公共の精神に基づき，主体的に社会の形成に参画し，その発展に寄与する態度を養う。

4　生命を尊び，自然を大切にし，環境の保全に寄与する態度を養う。

5 伝統と文化を尊重し，それらを育んできた我が国と郷土を愛するとともに，他国を尊重し，国際社会の平和と発展に寄与する態度を養う。

この「教育の目標」を達成させるために，学校という集団教育の場で，どのように計画的にそして組織的に指導をするかである。

POINT

1 教育基本法を読み直すとよい。そして，学校教育の役割，教師の使命の再確認をすることである。

2 教師としてすべきことを具体的にであるから，子供の発達段階を踏まえた取り組み方を問うているのである。志望校種の子供の特質を踏まえての論述である。

3 教員採用試験の論文であるから，この設問は教師としての信念を問うているのである。「～したい」の願望であったり，「～するつもりでいる」「と思っている」のようなあいまいな表現であってはならない。

4 テーマは「取り組みたいか」であるが，教員採用試験論文であるから，その回答は「私はこのようにする」と明確に答えることである。また理由も教育基本法にあるからではなく，教育者としての筆者の信念を述べるのである。

Q3 教育改革が進む中，新しい時代にふさわしい「信頼される学校」「信頼される教師」が求められます。あなたが考える「信頼される教師像」について具体的に述べなさい。

解題

「教育改革が進む」というが，現在どのように改革が行われているのであろうか。その一つの今日的教育課題には「生きる力」の育成がある。なぜ今，「生きる力」なのかを考えるとよい。国際的学力調査PISAの結果から，新しい学力観として「確かな学力」が挙げられている。現行の学習指導要領にも，この「生きる力」や「確かな学力」が従来の学習指導要領から継承されている。

この「生きる力」とは何かをはっきりさせ，「確かな学力」との関係も明確にしておくことである。これは教員採用試験を受験する者の基本課題であり，信念として自分の言葉で表現できなければならない。

新しい時代にふさわしい，信頼される学校や教師とはどのような存在であろうか。それは子供なり保護者と立場を替えて考えるとよい。筆者が高校生だったらどのような教師を信頼するかを考えるのである。保護者だったらどうであろうかなどである。

誰からも信頼される教師，それは本務に全力投球する教師ではなかろうか。その本務とは何であろうか。教育基本法を参考にして，「私はこのように考えている」という，はっきりした信念を構築しておくことである。

POINT

1 「信頼される学校」もまた「信頼される」教師も不易な教育課題であり，今日だから必要だというものではない。いつの時代でも必要なのである。

2 「信頼」は児童生徒からだけではなく，保護者からも地域住民からも得られなければならない。だが，児童生徒からの信頼がなくては保護者からも地域住民からも信頼は得られない。

3 「コミュニケーションが必要だから」といって，教室に頻繁に顔を出す教師に信頼感を抱くであろうか。学級だよりを数多く発行すれば信頼されるであろうか。

4 小学生と高校生とでは，信頼する教師像は異なる。小・中・高校生それぞれの発達段階での心理理解が必要である。

5 己の児童生徒時代の恩師の姿を思い浮かべるとよい。「私ならこうする」という改善策が思い浮かぶであろう。

Q4 現行の学習指導要領では，「生きる力」の育成が目標の一つとして貫かれています。この「生きる力」を育む基本方針として「確かな学力の向上」「豊かな人間性の育成」「健康・体力の育成」が挙げられ，これらの土台として「基本的な生活習慣の形成」が不可欠です。あなたは教師としてこの課題にどのように取り組みますか。あなたの考えを具体的に述べなさい。

解題

小学校，中学校，高等学校などすべての学習指導要領で，「生きる力」の理念は従来の学習指導要領から踏襲されている。この「生きる力」とは，テーマで挙げている3点，すなわち知・徳・体を主体的に管理増進させる能力なのである。

ここで問われているのは，「基本的な生活習慣の形成」である。「生きる力」は主体的な探究心であるから，習慣形成がされてこそ主体的な発展が期待できるのである。このことを筆者はどのように考えるのか，自分の言葉で表現するのである。

「基本的な生活習慣」とは，食事・睡眠・排泄・清潔・衣類の着脱の5つが一般的であるが，それ以外にも，生活態度として時間を守る，約束を守る，きちんと挨拶ができるなどがある。

「基本的な生活習慣」は，就学時までに家庭でしっかりと身に付けさせたいことである。それが十分にできていないと，子供は学習に集中できなくなり，学習効果の期待は薄い。このことから「基本的な生活習慣」を身に付けさせることは，学校教育充実の「土台づくり」なのである。

POINT

1 「基本的な生活習慣」の内容にしても方法にしても，発達段階によって大きく異なる。少なくとも志望校種を明示して，その児童生徒の課題を取り上げることである。

2 小学校の学級担任として，あるいは高校の学級担任や教科科目担当としてと，はっきりと絞り込むとよい。

3 筆者だったらどうするかと問われているのである。家庭教育や社会教育を批判しても回答にはならない。一人の教師として，どのように取り組むかを述べる。

4 高校生は，基本的生活習慣については概ね心得ている。だが実践が伴わないのである。そのような生徒への指導をどうするかである。それも「生きる力」の育成となる。

Q5 現行の学習指導要領では，各教科等を貫く重要な視点として言語活動を挙げています。あなたは，言語活動の重要性をどうとらえていますか。また，それを充実させるために，どのような取組を行いますか。これまでの実践を踏まえ，あなたの考えを述べなさい。

解題

現行の学習指導要領では，従来の学習指導要領から授業時間を増加して学習量を復活させ，さらに全教科で「言語活動」の充実を求めている。これは「対面型」コミュニケーション力といえる。

最近の子供たちの言語生活が，種々のゲームや携帯電話その他のメディアの発達により大きな影響を受けていることが指摘されている。2009年に行われた高校1年生対象のOECDのPISA調査では，読解力は前回の2006年の調査と比べると平均得点が大幅に上昇し読解力を中心に我が国の生徒の学力は改善傾向にあるとされたが，トップレベルの国々と比べるとまだ下位層が多い。また読解力については，必要な情報を見つけ出し取り出すことは得意だが，それらの関係性を理解して解釈したり，自らの知識や経験と結び付けたりすることがやや苦手であるとされている。

改善の方策として，例えば，小学校の算数では数，式，図を用いて考え，説明させる。理科では分析，解釈，推論を促す。中学校の社会科では地図や資料を読み取り，論述や意見の交換をさせる。音楽の授業では，根拠をもった批評をさせるのである。

この育成の基本姿勢は「正解は一つではないとし，異なる意見を聞く。なぜそうなるかを理解し，自分の意見も理由をつけて説明し，協力して課題解明に努める」といえよう。

回答文としては，前文で学習指導要領が求めている「言語活動」とはどのようなものであるかを明確にする。そして次に，なぜ言語活動の充実が求められているかの理由を述べる。これは今日的教育課題として問われているが，言語活動能力は社会人としては当然備えていなければならない不易なものでもある。さらに，言語活動能力の育成にいかに取り組むかの結論をここで述べる。

本文では，前文で述べた結論を具体的にどのような実践をするかを，異なる二つの視点から述べる。教科の授業と特別活動とするなどである。ここでは教師としてどのように関わるかを具体的に述べるのである。

POINT

1 「これまでの実践を踏まえる」とは，経験談を述べるのではない。実践の結果得たものは何で，その得たものを近未来にどのように活かすかを述べるのである。

2 「あなたの考えを」とあるが，これは「あなたならどのような考えで，何をするかを具体的に」と問うているのである。「～したい」「～するつもりである」という願望や予定を問うているのではない。

3 教員採用試験の論文は，次の2点を加味する。

①論文で対象としている子供の発達段階(志望校種にあわせる)の特性を踏まえて述べる。

②筆者らしさ，筆者の人柄をにじませる。

Q6 「確かな学力」を育むために，いろいろな角度から授業改善が図られています。児童生徒にとって「魅力ある授業」とはどのような授業でしょうか。あなたの経験を踏まえた具体的な取り組み方を述べなさい。

解題

「確かな学力」は，平成15年10月の中央教育審議会答申で，「生きる力」の知の側面として示された。それは主体的に学習に取り組む意欲と判断力，それに表現力などの行動実践力である。なぜこの「確かな学力」が求められているのか，まずこのことをはっきりさせることである。

なぜ「確かな学力」かを，プラス志向で考えることである。「新しい時代を拓く」とか，「21世紀を展望し」などに即した考え方をするのである。

「魅力ある授業」といっても，発達段階によって「魅力」の抱き方が異なる。小学校低学年児や中学年児は，「楽しい授業」に魅力を感じるであろう。それが中学生になると「わかる授業」であり高校生になると「成就感の得られる授業」となる。この違いは筆者自身の経験からもいえることではなかろうか。

テーマに「経験を踏まえて」とあるので，中学生時代の授業のことを思い出すのもよい。前任校での教職経験を活かすのもよい。ただここで問うているのは思い出話ではない。「踏まえて」であるから経験で得たものを，どのように活かすかである。

POINT

1 テーマは「魅力ある授業」であるが，この「魅力」は「楽しい」「わかる」「成就感のある」など，発達段階によって変わってくる。志望校種の子供の実態を把握して，その子供たちにどのような手を差し伸べるかである。

2 「経験を踏まえて」を誤って読みとっている回答が多い。教員採用試験論文は，過去に何をしたかではない。近未来に何ができるか，を問うているのである。貴重な経験をどう活かすかを考えることである。

Q7 最近，子供の自制心や規範意識の低下が指摘されています。あなたは今まで，子供の行動様態をどのように見つめてきましたか。また，規範意識を高めるために，子供とどのように向き合っていきますか。具体的に述べなさい。

解題

文部科学省は平成22年9月に，平成21年度の小中高校の「問題行動」調査結果を発表している。それによると暴力行為件数が小・中学校において過去最高で，幅広い年代で暴力が深刻化しているという。この調査結果は「自制心や規範意識の低下」と分析できる。ある新聞では原因を次の3点にあるとしている。

①愛情を注がれずに育ち，自己肯定感がない。
②集団と折り合いをつける力が育っていない。
③勉強のできない子はダメという価値観を押しつけられ，自己肯定感が低くなって日々のむかつきにつながっている。

筆者は「子供の自制心や規範意識の低下」をどのように受け止めているかをはっきりさせる。論文であるから，持論を論理的に述べるのである。設問では「どのように見つめてきたか」であるから，経験を問うてもいるのである。

回答は評論を求めているのではない。「私はこのようにする」と，筆者の取り組み方を述べるのである。自制心や規範意識は短期間に成果の上がるものではない。教師には忍耐力が必要なのである。

POINT

1 「子供の自制心や規範意識が低下している」という指摘である。筆者の目に，この現実がきちんと認識できているのであろうか。学校の現状の把握をすることである。

2 志望校種の教員としてどうするかを述べるのである。小学生では，低学年児と高学年児を同一視することはできない。発達段階を考慮することである。

3 問われているのは，規範意識を高める方策である。指定字数が800字以上であるなら，具体的な方策を視点を異にして2つ挙げるとよい。教科科目の中はもちろんのこと，あらゆる学習活動の場でも育めるであろう。

4 最終段落では，この設問に関する自己研修課題を挙げるとよい。その課題解明にどのように取り組むかを簡潔に述べるのである。志望校種の子供理解等である。

5 自制心は道徳心や礼儀と通ずる点はあるが，規範意識となるとルールや法規を守るということである。道徳や礼儀は精神的，習慣的なもので，罰則のあるなしの問題ではない。

Q8 社会の情報化が急速に進み，コミュニケーションの方法や手段が多様化，複雑化しています。その中で児童生徒の携帯電話の扱い方が問題化しています。あなたは教師として児童生徒のコミュニケーション能力を高めるために，どのような取り組みをしますか。あなたの経験を踏まえて具体的に述べなさい。

解題

問われていることは，児童生徒の携帯電話の扱い方の問題化を受けて，①コミュニケーション能力とは何か　②あなたのコミュニケーション能力を高める取り組み方の2点である。

①の「コミュニケーション」の本来の意味は，思想や情報などの伝達である。だが今日ではもっと広く，「二者以上の間に共通なものが成立する過程のすべて」である。すなわち一方的なものではなく，共通理解の要素も含まれている。携帯電話は伝達機器という狭義であるが，向き合っての会話であれば広義と解せる。

コミュニケーション能力は新しい時代を創造する若者になくてはならぬ資質能力である。その一つの手段として携帯電話が出現し，急速に普及したのである。一方で，それは児童生徒にも普及し，その扱い方が問題となっている。すなわち教育が後手に回ってしまったのである。

学校としての取り組み方が問われているが，これは全校体制で取り組む問題であって，書き手一人では解決できない。ここで問われているのは，②なのである。②を論じるためには①をはっきりさせなければならないのは当然である。

POINT

1 まず，①について述べ，このことと児童生徒の携帯電話の扱い方が問題化している理由を述べる。

2 この問題を受けての②であって，携帯電話の扱い方を問うているのではない。

3 ②をどうするかの結論を前文で述べ，結論の具体策を本文として述べると筋が一貫するであろう。

4 社会の情報化を急速に進めた要因の一つに，携帯電話の普及があることは確かである。だがその普及が急速であったために，教育が後手に回ってしまったといえる。このことを踏まえて②をどのようにするかを述べるのである。

5 志望校種の教師として，何をするかである。特別支援学校の教師として，あるいは養護教諭として述べることもできよう。発達段階を踏まえた具体策である。

Q9 **特別支援学校の児童生徒の障害が重度・重複化，多様化している中，あなたは一人ひとりの教育的ニーズをどのように把握しますか。また，その教育的ニーズを踏まえ，適切な指導及び必要な支援を行うために，あなたは教育活動の中でどのように取り組みますか。具体的に述べなさい。**

解題

特殊教育が特別支援教育となり，特別支援学校と組織替えがされた理由に，「障害の重度・重複化，多様化に対応し，一人ひとりに応じた指導を一層充実する」とある。障害のある子に対する教育課題は，個によって異なるのである。

個に応じた教育が行えるように，「個別の教育支援計画」と「個別の指導計画」が作成される。前者は関係機関の連携による乳幼児期から学校卒業後まで一貫した支援を行うための教育的支援の目標や内容を盛り込んだものである。後者は，小学校等において必要に応じ，児童生徒一人ひとりのニーズに応じた指導目標や内容・方法等を示してある。

「個別の指導計画」には，①子供の実態　②年間の目標　③学期ごとの指導内容と手立て，評価　④年間の評価　⑤次年度の課題　などを織り込む。

「個別の指導計画」の指導内容や教材教具を項目として挙げる。

A　主体的に活動できる単元・題材のテーマ，内容等の設定

B　個々に合わせた活動・工程の選択，工夫

C　自立的に取り組める遊具，道具・補助具の用意，工夫

D　繰り返しがあり，見通しをもちやすい単元や題材の工夫

E　意欲的，主体的に取り組めて満足感・成就感をもてるための支援の工夫

F　主体的，自立的に活動するための支援的対応の工夫

POINT

1 このテーマは，筆者ならどうするかと問うているのである。障害種を特定し，具体的な取り組み方を述べるのである。

2 一人ひとりのニーズに応じた指導を二つの視点から具体的に述べる。「個別の指導計画」の計画書作成と実践などである。

3 特別支援学校は，視覚障害，聴覚障害，知的障害，肢体不自由，病弱・身体虚弱を有する児童生徒に，小・中・高校に準ずる教育を施す。

4 特別支援学校学習指導要領の理解は当然である。

5 特別支援学校は小学部・中学部・高等部と，発達段階で分かれて

いる。だが発達段階よりも，障害の重度・重複化，多様化への対応が待たれている。

Q10 「生きがい」について，考えることを述べなさい。

解題

この設問は教員採用試験の論文として問われているのである。ということは，教師として筆者は，設問の「生きがい」をどのように読み取るかである。教師としてであるから，目前には児童生徒がいる。

その「生きがい」は，次の2点に分けられる。

①教師としての己の「生きがい」を，子供とどう結びつけるかである。

②教師として，子供に「生きがい」をどのように抱かせるかである。

①は，教職に就いて全力投球をすることに「生きがい」を見出すこともある。また，恩師の姿に触発されて教職を志望し，夢を達成させることによって「生きがい」を見出すとするなどである。

②は学習に夢中に取り組ませたり，成就感を抱かせて子供たちに「生きがい」を感じ取らせるのである。

ただこの抽象題といわれる形式の設問は，出題意図が明確ではない。そこで筆者の論述の方向づけを明確に示すことが必要である。このことが曖昧であると，主張が途中で空中分解してしまう。設問を筆者の書きやすい土俵に引き込むことである。

POINT

1 前文で「生きがい」をどのように解したかを述べる。このような抽象題では，この前文をどのように構成するかで，評価の大勢は決まるといえよう。

2 この論文は教員採用試験として課されている。「私はこのようにする」と述べ，近未来にどんな実践をするかを述べる。

3 この論文が対象としている子供は，志望校種の児童生徒である。

その子供の発達段階を踏まえた具体的な取組を述べる。

4 この論文は，教員採用試験として課されているのである。筆者の人柄をにじみ出させて，「私はこのようにする」と具体的に述べるのである。

Q11 次の文章を読んで，教員を目指す一人として思うことを述べなさい。

子供の心は素直である。だからわからないことがあればすぐに問う。「なぜ，なぜ」と。

子供は一生懸命である。熱心である。だから与えられた答えを，自分でも懸命に考える。

考えて納得がゆかなければ，どこまでも問いかえす。「なぜ，なぜ」と。

子供の心には私心がない。とらわれがない。いいものはいいし，わるいものはわるい。だから思わぬものごとの本質をつくことがしばしばある。

(松下幸之助「もっと大切なこと」による)

解題

読解力は，一般的には文章などを読み解く能力を指す。特に日本では，国語教育においては「教材としての文章の内容を正確に読み取る」という意味合いで用いられることが多かった。

しかし近年は「PISA型読解力」と表現されるものが取り上げられ，従来の用法と区別されている。文部科学省によれば，この両者の違いを踏まえ，後者の「PISA型読解力」の特徴を次のようにまとめている。

①テキストに書かれた情報を理解するだけでなく，「解釈」し，「熟考」することを含む。

②テキストを単に読むだけでなく，テキストを利用したり，テキストに基づいて自分の意見を論じたりすることが求められている。

③テキストの内容だけでなく，構造・形式・表現法も評価の対象とな

る。

④テキストには，文学的な文章や説明的文章などの「連続型テキスト」だけでなく，図・グラフ・表などの「非連続型テキスト」を含んでいる。

この文章の「子供」とは小中高校生のすべてを指しているのであろうか。小学生から高校生まで，すべて子供が素直であるとも読み取れる。本当にそう言えるであろうか。

数年前には，クラスメイトをカッターナイフで殺害した12歳の小学生もいた。また親を殺害したという高校生の事件も多発している。文部科学省は平成22年9月に，平成21年度の小中高校の「問題行動」調査結果を発表している。それによると暴力行為件数が小・中学校において過去最高となり，幅広い年代で暴力が深刻化している。これらの事件から「心は素直」とか「心には私心がない」とどう結びつけるのであろうか。

カッターナイフを振り回すのも暴力行為に走るのも，子供の素直な姿ともいえる。「なぜ，なぜ」と納得いくまで問い質すのも，本心を丸出しにしているからである。それが時には他人に迷惑をかけているのである。自分の気持ちに忠実なために，他人に迷惑をかけていることに気付かないのである。

家庭という個人教育の場で過ごしてきた幼児が，就学して学校という集団教育の場で様々な経験を積んでいく。そこで他人への対応の仕方を学ぶのである。

「生きる力」の中に豊かな人間性がある。これは「他人と協調し，他人を思いやる心や感動」である。この他人との協調を学ぶことによって「いいものはいい，悪いものは悪い」の判断基準が構成されていく。

日本の歴史的教育観は「素直であること」であり「和をもって貴し」であったが，それが国際化などにより「はっきりと意志表示を」と変わってきた。それによって「自分に正直であること」が強調されたのである。ところが行き過ぎて，「わがまま」とか「自己中心的行為」

も見られるようになる。そこで，学校ではどうするかである。

以上のことを総合し，目前にいる志望校種の子供とどのように向き合うかを述べるのである。

POINT

1 この文章の主張と，若者の暴力行為の多発化の問題は矛盾とも言える。このことをどう解するかである。

2「素直」とか「ものごとの本質をつく」としている。この文章を否定する必要はない。筆者の考えを述べるのである。

3 常に今日的教育課題と関連させ，課題解明への考えを明らかにする。

4 志望校種の児童生徒に対してどのように働きかけるかとし，絞り込むことである。そうすることによって具体的な取り組みができるであろう。

第 4 部

面接試験対策

面接試験の概略

面接試験で何を評価するか

近年，「人物重視」を掲げた教員採用候補者選考試験において，最も重視されているのが「面接試験」である。このことは，我が国の教育の在り方として，アクティブラーニングの実施，カリキュラム・マネジメントの確立，社会に開かれた教育課程の実現等，次々と新しい試みが始まっているため，学校教育の場においては，新しい人材を求めているからである。

ところが，一方で，現在，学校教育においては，様々な課題を抱えていることも事実であり，その例として，いじめ，不登校，校内暴力，無気力，高校中退，薬物乱用などがあり，その対応としても，多くの人々による意見もあり，文部科学省をはじめとする教育行政機関や民間機関としてもフリースクールなどで対応しているが，的確な解決策とはなっていない状況にある。このことに関して，その根底には，家庭や地域の教育力の低下，人間関係の希薄化，子供の早熟化傾向，過度の学歴社会及び教員の力量低下等，正に，様々な要因が指摘されている。したがって，これらの問題は，学校のみならず，家庭を含めた地域社会全体で，対応しなければならない課題でもある。

しかし，何といっても学校教育の場においては，教員一人一人の力量が期待され，現実に，ある程度までのことは，個々の教員の努力で解決できた例もあるのである。したがって，当面する課題に適切に対応でき，諸課題を解決しようとの情熱や能力が不可欠であり，それらは知識のみの試験では判断できかねるので，面接によることが重視されているのである。

①人物の総合的な評価

面接試験の主たるねらいは，質問に対する応答の態度や表情及び言葉遣いなどから，教員としての適性を判定するとともに，応答の内容から受験者に関する情報を得ようとすることにある。これは総合的な人物評価といわれている。

そのねらいを十分にわきまえることは当然として，次にあげることについても自覚しておくことが大切である。

○明確な意思表示

○予想される質問への対応

○自らの生活信条の明確化

○学習指導要領の理解

○明確な用語での表現

②応答の基本

面接試験では，面接官の質問に応答するが，その応答に際して，心得ておくべきことがある。よく技巧を凝らすことに腐心する受験者もいるようであるが，かえって，紋切り型になったり，理屈っぽくなったりして，面接官にはよい心象を与えないものである。そこで，このようなことを避けるため，少なくとも，次のことは意識しておくとよい。

○自分そのものの表現

これまで学習してきたことを，要領よく，しかも的確さを意識し過ぎ，理詰めで完全な答えを発しようとするよりも，学習や体験で得られた認識を，教職経験者は，経験者らしく，学生は，学生らしく，さっぱりと表現することをすすめる。このことは，応答内容の適切さということのみならず，教員としての適性に関しても，面接官によい印象を与えるものである。

○誠心誠意の発声

当然のことであるが，面接官と受験者とでは，その年齢差は大変に大きく，しかも，面接官の経歴も教職であるため，その経験の差は，正に雲泥の差といえるものである。したがって，無理して，大人びた態度や分別があることを強調するような態度をとることは好まれず，むしろ謙虚で，しかも若々しく，ひたむきに自らの人生を確かなものにしようとする態度での応答が，好感を持たれるものである。

③性格や性向の判別

組織の一員としての教員は，それぞれの生き方に共通性が必要であり，しかも情緒が安定していなければならない。そのため，性格的にも片寄っていたり，物事にとらわれ過ぎたり，さらには，協調性がなかったり，自己顕示欲が強すぎたりする人物は敬遠されるものである。そこで，面接官は，このことに非常に気を遣い，より的確に査定しようとしているものなのである。

そのため，友人関係，人生観，実際の生き方，社会の見方，さらには自らに最も影響を与えた家庭教育の状況などに言及した発問もあるはずであるが，この生育歴を知ろうとすることは，受験者をよりよく理解したいためと受け取ることである。

④動機・意欲等の確認

教員採用候補者選考を受験しているのであるから，受験者は，当然，教職への情熱を有していると思われる。しかし，面接官は，そのことをあえて問うので，それだけに，意志を強固にしておくことである。

○認識の的確さ

教員という職に就こうとする意志の強さを口先だけではなく，次のようなことで確認しようとしているのである。

ア　教員の仕事をよく理解している。

イ　公務員としての服務規程を的確に把握している。

ウ　立派な教員像をしっかり捉えている。

少なくとも上の3つは，自問自答しておくことであり，法的根拠が必要なものもあるため，条文を確認しておくことである。

○決意の表明

教員になろうとの固い決意の表明である。したがって単に就職の機会があったとか，教員に対する憧れのみというのは問題外であり，教員としての重責を全うすることに対する情熱を，心の底から表現することである。

以上が，面接試験の最も基本的な目的であり，面接官はこれにそってさまざまな問題を用意することになるが，さらに次の諸点にも，面接官の観察の目が光っていることを忘れてはならない。

⑤質疑応答によって知識教養の程度を知る

筆記試験によって，すでに一応の知識教養は確認してあるわけだが，面接試験においてはさらに付加質問を次々と行うことができ，その応答過程と内容から，受験者の知識教養の程度をより正確に判断しようとする。

⑥言語能力や頭脳の回転の早さの観察

言語による応答のなかで，相手方の意思の理解，自分の意思の伝達のスピードと要領のよさなど，受験者の頭脳の回転の早さや言語表現の諸能力を観察する。

⑦思想・人生観などを知る

これも論文・作文試験等によって知ることは可能だが，面接試験によりさらに詳しく聞いていくことができる。

⑧協調性・指導性などの社会的性格を知る

前述した面接試験の種類のうち，グループ・ディスカッションなどはこれを知るために考え出されたもので，特に多数の児童・生徒を指導する教師という職業の場合，これらの資質を知ることは面接試験の大きな目的の1つとなる。

直前の準備対策

以上からわかるように，面接試験はその人物そのものをあらゆる方向から評価判定しようとするものである。例えば，ある質問に対して答えられなかった場合，筆記試験では当然ゼロの評価となるが，面接試験では，勉強不足を素直に認め今後努力する姿勢をみせれば，ある程度の評価も得られる。だが，このような応答の姿勢も単なるポーズであれば，すぐに面接官に見破られてしまうし，かえってマイナスの評価ともなる。したがって，面接試験の準備については，筆記試験のように参考書を基礎にして短時間に修練というふうにはいかない。日

頃から，

(1) 対話の技術・面接の技術を身につけること
(2) 敬語の使い方・国語の常識を身につけること
(3) 一般常識を身につけて人格を磨き上げること

が肝要だ。しかし，これらは一朝一夕では身につくものではないから，面接の際のチェックポイントだけ挙げておきたい。

(1) 対話の技術・面接の技術

○対話の技術

①言うべきことを整理し，順序だてて述べる。

②自分の言っていることを卑下せず，自信に満ちた言い方をする。

③言葉に抑揚をつけ，活気に満ちた言い方をする。

④言葉の語尾まではっきり言う練習をする。

⑤短い話，長い話を言い分けられるようにする。

○面接技術

①緊張して固くなりすぎない。

②相手の顔色をうかがったり，おどおどと視線をそらさない。

③相手の話の真意をとり違えない。

④相手の話を途中でさえぎらない。

⑤姿勢を正しくし，礼儀を守る。

(2) 敬語の使い方・国語常識の習得

○敬語の使い方

①自分を指す言葉は「わたくし」を標準にし，「僕・俺・自分」など学生同士が通常用いる一人称は用いない。

②身内の者を指す場合は敬称を用いない。

③第三者に対しては「さん」を用い，「様・氏」という言い方はしない。

④「お」や「ご」の使い方に注意する。

○国語常識の習得

①慣用語句の正しい用法。

②教育関係においてよく使用される言葉の習得

さて本題に入ろう。面接試験1カ月前程度を想定して述べれば，その主要な準備は次のようなことである。

○直前の準備

①受験都道府県の現状の研究

受験する都道府県の教育界の現状は言うに及ばず，政治・経済面についても研究しておきたい。その都道府県の教育方針や目標，進学率，入試体制，また学校数の増加減少に関わる過疎化の問題等，教育関係刊行物や新聞の地域面などによく目を通し，教育委員会に在職する人やすでに教職についている先生・知人の話をよく聞いて，十分に知識を得ておくことが望ましい。

②教育上の諸問題に関する知識・データの整理

面接試験において，この分野からの質問が多くなされることは周知の事実である。したがって直前には再度，最近話題になった教育上の諸問題についての基礎知識や資料を整理・分析して，質問にしっかりとした応答ができるようにしておかなければならない。

③時事常識の習得と整理

面接試験における時事常識に関する質問は，面接日前2カ月間ぐらいのできごとが中心となることが多い。したがって，この間の新聞・雑誌は精読し，時事問題についての常識的な知識をよく修得し整理しておくことが，大切な準備の1つといえよう。

○応答のマナー

面接試験における動作は歩行と着席にすぎないのだから，注意点はそれほど多いわけではない。要は，きちんとした姿勢を持続し，日常の動作に現れるくせを極力出さないようにすることである。最後に面接試験における応答態度の注意点をまとめておこう。

①歩くときは，背すじをまっすぐ伸ばしあごを引く。かかとを引きずったり，背中を丸めて歩かないこと。

②椅子に座るときは深めに腰かけ，背もたれに寄りかかったりしない。女子は両ひざをきちんと合わせ，手を組んでひざの上に乗せる。男子もひざを開けすぎると傲慢な印象を与えるので，窮屈さを感じさせない程度にひざを閉じ，手を軽く握ってひざの上に乗せる。もちろん，背すじを伸ばし，あごを出さないようにする。

③上目づかいや横目，流し目などは慎しみ，視線を一定させる。きょろきょろしたり相手をにらみつけるようにするのも良い印象を与えない。

④舌を出す，頭をかく，肩をすくめる，貧乏ゆすりをするなどの日頃のくせを出さないように注意する。これらのくせは事前にチェックし，矯正しておくことが望ましい。

以上が面接試験の際の注意点であるが，受験者の動作は入室の瞬間から退室して受験者の姿がドアの外に消えるまで観察されるのだから，最後まで気をゆるめず注意事項を心得ておきたい。

面接試験を知る

面接試験には採点基準など明確なものがあるわけではない。面接官が受験者から受ける印象などでも採点は異なってくるので，立派な正論を述べれば正解という性質のものではないのである。ここでは，面接官と受験者の間の様々な心理状況を探ってみた。

面接試験で重要なことは，あたりまえだが面接官に良い印象を持たせるということである。面接官に親しみを持たせることは，確実にプラスになるだろう。同じ回答をしたとしても，それまでの印象が良い人と悪い人では，面接官の印象も変わってくることは十分考えられるからである。

「面接はひと対ひと」と言われる。人間が相手だけに，その心理状況によって受ける印象が変わってきてしまうのである。正論を語ることももちろん重要だが，良い印象を与えるような雰囲気をつくることも，同じく重要である。それでは，面接官に対してよい印象を与える受験者の態度をまず考えてみよう。

面接官の観点

〈外観の印象〉

□健康的か。
□身だしなみは整っているか。
□清潔感が感じられるか。
□礼儀正しいか。
□品位があり，好感を与えるか。
□明朗で，おおらかさがあるか。
□落ちつきがあるか。
□謙虚さがうかがえるか。
□言語が明瞭であるか。

□声量は適度であるか。
□言語・動作が洗練されているか。

〈質疑応答における観点〉

①理解力・判断力・表現力

□質問の意図を正しく理解しているか。
□質問に対して適切な応答をしているか。
□判断は的確であるか。
□感情におぼれず，冷静に判断を下せるか。
□簡潔に要領よく話すことができるか。
□論旨が首尾一貫しているか。
□話に筋道が通り，理路整然としているか。
□用語が適切で，語彙が豊富であるか。

②積極性・協調性(主に集団討論において)

□積極的に発言しているか。
□自己中心的ではないか。
□他者の欠点や誤りに寛容であるか。
□利己的・打算的なところは見受けられないか。
□協力して解決の方向へ導いていこうとしているか。

③教育に対する考え方

□教育観が中正であるか。
□人間尊重という基本精神に立っているか。
□子供に対する正しい理解と愛情を持っているか。
□教職に熱意を持っているか。
□教職というものを，どうとらえているか。
□考え方の社会性はどうか。

④教師としての素養

□学問や教育への関心はあるか。
□絶えず向上しようとする気持ちが見えるか。
□一般的な教養・常識・見識はあるか。
□専門に関しての知識は豊富か。

□情操は豊かであるか。
□社会的問題についての関心はどうか。
□特技や趣味をどう活かしているか。
□国民意識と国際感覚はどうか。

⑤人格の形成

□知，情，意の均衡がとれているか。
□社会的見識が豊かであるか。
□道徳的感覚はどうか。
□応答の態度に信頼感はあるか。
□意志の強さはうかがえるか。
□様々な事象に対する理解力はどうか。
□社会的適応力はあるか。
□反省力，自己抑制力はどの程度あるか。

活発で積極的な態度

意外に忘れてしまいがちだが，面接試験において確認しておかなくてはならないことは，評価を下すのが面接官であるという事実である。面接官と受験者の関係は，面接官が受験者を面接する間，受験者は面接官にある種の働きかけをすることしかできないのである。面接という短い時間の中で，面接官に関心を持ってもらい，自分をより深く理解してもらいたいのだということを示すためには，積極的に動かなくてはならない。それによって，面接官が受験者に対して親しみを覚える下地ができるのである。

そこで必要なのは，活発な態度である。質問にハキハキ答える，相手の目を見て話すといった活発な態度は確実に好印象を与える。質問に対し歯切れの悪い答え方をしたり，下を向いてぼそぼそと話すようでは，面接官としてもなかなか好意的には受け取りにくい。

また，積極的な態度も重要である。特に集団面接や討論形式の場合，積極性がないと自分の意見を言えないままに終わってしまうかもしれない。自分の意見は自分からアピールしていかないと，相手から話を振られるのを待っているだけでは，発言の機会は回ってこないのである。言いたいことはしっかり言うという態度は絶対に必要だ。

ただ，間違えてほしくないのは，積極的な態度と相手の話を聞かないということはまったく別であるということである。集団討論などの場で，周りの意見や流れをまったく考えずに自分の意見を繰り返すだけでは，まったく逆効果である。「積極的」という言葉の中には，「積極的に話を聞く」という意味も含まれていることを忘れてはならない。また，自分が言いたいことがたくさんあるからといって，面接官が聞いている以外のことをどんどん話すという態度もマイナスである。このことについては次でも述べるが，面接官が何を聞こうとしているかということを「積極的に分かろうとする」態度を身につけておこう。

最後に，面接試験などの場であがってしまうという人もいるかもしれない。そういう人は，素の自分を出すということに慣れていないという場合が多く，「変なことを言って悪い印象を与えたらどうしよう」という不安で心配になっていることが多い。そういう人は，面接の場では「活発で積極的な自分を演じる」と割り切ってしまうのも1つの手ではないだろうか。自分は演じているんだという意識を持つことで，「自分を出す」ということの不安から逃れられる。また，そういうことを何度も経験していくことで，無理に演技しているという意識を持たなくても，積極的な態度をとれるようになってくるのである。

面接官の意図を探る

面接官に，自分の人間性や自分の世界を理解してもらうということは，面接官に対して受験者も共感を持つための準備ができているということを示さなくてはならない。面接官が興味を持っていることに対して誠意を持って回答をしているのだ，ということを示すことが重要である。例えば，面接官の質問に対して，受験者がもっと多くのことを話したいと思ったり，もっとくわしく表現したいと思っても，そこで性急にそうした意見や考えを述べたりすると，面接官にとって重要なことより，受験者にとって重要なことに話がいってしまい，面接官は受験者が質問の意図を正確に理解する気がないのだと判断する可能性がある。面接官の質問に対して回答することと，自分の興味や意見を述べることとの間には大きな差があると思われる。面接官は質問に対する回答には関心を示すが，回答者の意見の論述にはあまり興味がないということを知っておかなくてはならない。面接官は，質問に対する回答はコミュニケーションと受け取るが，単なる意見の陳述は一方的な売り込みであることを知っているのである。

売り込みは大切である。面接の場は自分を分かってもらうというプレゼンテーションの場であることは間違いないのだから，自分を伝える努力はもちろん必要である。だから，求められている短い答えの中で，いかに自分を表現できるかということがキーになってくる。答えが一般論になってしまっては面接官としても面白くないだろう。どんな質問に対しても，しっかりと自分の意見を持っておくという準備が必要なのである。相手の質問をよく聞き，何を求めているかを十分理解した上で，自分の意見をしっかりと言えるようにしておこう。その際，面接官の意図を尊重する姿勢を忘れないように。

相手のことを受容すること

面接官が受験者を受容する，あるいは受験者が面接官に受容されるということは，面接官の意見に賛同することではない。また，面接官と受験者が同じ価値観を持つことでもない。むしろ，面接官が自分の考え，自分の価値観をもっているのと同じように，受験者がそれをもっていることが当然であるという意識が面接官と受験者の間に生まれるということであろう。こうした関係がない面接においては，受験者は自分が面接官の考え方や価値観を押しつけられているように感じる。

更に悪いのは，受験者はこう考えるべきだというふうに面接官が思っていると受験者が解釈し，そのような回答をしていることを面接官も気付いてしまう状態である。シナリオが見えるような面接試験では，お互いのことがまったく分からないまま終わってしまう。奇抜な意見を言えばいいというものではないが，個性的な意見も面接の中では重要になってくる。ただ，その自分なりの意見を面接官が受容するかどうかという点が問題なのである。「分かる奴だけ分かればいい」という態度では，面接は間違いなく失敗する。相手も自分も分かり合える関係を築けるような面接がいい面接なのである。

「こちらがどう思おうと，面接官がどう思うかはどうしようもない」と考えている人もいるかもしれないが，それは間違いである。就職試験などにみられる「圧迫面接」などならしかたないが，普通に面接試験を行う時は，面接官側も受験者のことを理解したいと思って行うのであるから，受験生側の態度で友好的になるかならないかは変わってくるのである。

好き嫌い

受容については，もう1つの面がある。それは自分と異なった文化を持った人間を対等の人間として扱うということである。こうした場合のフィードバックは，個人の眼鏡のレンズによってかなり歪められたものになってしまう。また，文化の違いがないときでも，お互いを受容できないということは起こりうる。つまり，人格的に性が合わないことがあるということを認めなくてはならない。しかし，面接という場においては，このことが評価と直結するかというと，必ずしもそうではない。次に述べる「理解」というのにも関係するのだが，面接官に受験者の意見や考えを理解してもらうことができれば，面接の目標を果たせたことになるからだ。

もちろん，「顔や声がどうしても嫌い」などというケースもあり得るわけだが，面接官も立派な大人なわけであるし，そのことによって質問の量などが変わってくるということはまずない。「自分だけ質問されない」というようなケースはほとんどないし，あるとしたらまったく何か別な理由であろう。好き嫌いということに関しては，それほど意識することはないだろう。ただ，口の聞き方や服装，化粧などで，いやな感じを与えるようなものはさけるというのは当然である。

理解するということ

一人の人間が他者を理解するのに3つの方法がある。第一の方法は，他者の目を通して彼を理解する。例えば，彼について書かれたものを読み，彼について他の人々が語っているのを聞いたりして，彼について理解する。もっとも面接においては，前に行われた面接の評価がある場合をのぞいては，この理解は行われない。

第二の方法は，自分で相手を理解するということである。これは他者を理解するために最もしばしば使う方法であり，これによってより精密に理解できるといえる。他者を理解したり，しなかったりする際には，自分自身の中にある知覚装置，思考，感情，知識を自由に駆使する。従って理解する側の人間は，その立場からしか相手を理解できない。面接においては，教育現場で仕事に携わっている視点から物事を見ているので，現場では役に立たないような意見を面接官は理解できないということである。

第三の方法は，最も意味の深いものであると同時に，最も要求水準が高いものでもある。他者とともに理解するということである。この理解の仕方は，ただ両者共通の人間性のみを中心に置き，相手とともにいて，相手が何を考え，どう感じているか，その人の周囲の世界をどのようにみているかを理解するように努める。面接において，こうした理解までお互いに到達することは非常に困難を伴うといえるだろう。

従って，面接における理解は，主に第二の方法に基づいて行われると考えられる。

よりよく理解するために

最後に面接官が面接を行う上でどのような点を注目し，どのように受験者を理解しようとするのかについて触れておこう。

まず話し過ぎ，沈黙し過ぎについて。話し過ぎている場合，面接官は受験者を気に入るように引き回される。また，沈黙し過ぎのときは，両者の間に不必要な緊張が生まれてしまう。もっとも，沈黙は面接において，ときには非常に有用に機能する。沈黙を通して，面接官と受験者がより近づき，何らかを分かち合うこともある。また，同じ沈黙が，二人の溝の開きを見せつけることもある。また混乱の結果を示すこともある。

また面接官がよく用いる対応に，言い直し，明確化などがある。言い直しとは，受験者の言葉をそのまま使うことである。言い直しはあくまでも受験者に向けられたもので，「私はあなたの話を注意深く聞いているので，あなたが言ったことをもう一度言い直せますよ。私を通してあなたが言ったことを自分の耳で聴き返してください」という意思表示である。

明確化とは，受験者が言ったこと，あるいは言おうとしたことを面接官がかわって明確にすることである。これには2つの意味があると考えられている。面接官は受験者が表現したことを単純化し意味を明瞭にすることにより，面接を促進する。あるいは，受験者がはっきりと表現するのに困難を感じているときに，それを明確化するのを面接官が手伝ってやる。そのことによって，受験者と面接官とが認識を共有できるのである。

面接試験の秘訣

社会情勢の変動とともに年々傾向の変動が見られる面接試験。これからの日常生活でふだん何を考え，どういった対策をすべきかを解説する。

変わる面接試験

数年前の面接試験での質問事項と最近の面接試験の質問事項を比較してみると，明らかに変わってきている。数年前の質問事項を見てみると，個人に関する質問が非常に多い。「健康に問題はないか」「遠隔地勤務は可能か」「教師を志した理由は」「卒論のテーマは」「一番印象に残っている教師は」などといったものがほとんどである。「指導できるクラブは何か」というものもある。その他には，「今日の新聞の一面の記事は何か」「一番関心を持っている社会問題は何か」「最近読んだ本について」「今の若者についてどう思うか」「若者の活字離れについて」「日本語の乱れについて」「男女雇用機会均等法について」「国際化社会について」「高齢化社会について」といった質問がされている。そして，教育に関連する質問としては，「校則についてどう考えるか」「～県の教育について」「学校教育に必要なこと」「コンピュータと数学教育」「生徒との信頼関係について」「社会性・協調性についてどう考えるか」「生涯教育について」「登校拒否について」といったものが質問されている。また「校内球技大会の注意事項」「教室でものがなくなったときの対処法」「家庭訪問での注意事項」「自分ではできそうもない校務を与えられたときはどうするか」「無気力な子供に対してどのような指導をするか」といった質問がされていたことが分かる。

もちろんこれらの質問は今日も普遍的に問われることが多いが，さらに近年の採用試験での面接試験の質問事項では，「授業中に携帯メールをする生徒をどう指導するか」，「トイレから煙草の煙が出ているのを見つけたらどうするか」，「生徒から『先生の授業は分からないから出たくない』と言われたらどうするか」といった具体的な指導方法を尋ねるものが大幅に増えているのである。では，面接試験の質問内容は，どうしてこのように変化してきたのであろうか。

求められる実践力

先にも述べたように，今日，教師には，山積した問題に積極的に取り組み，意欲的に解決していく能力が求められている。しかも，教師という職業柄，1年目から一人前として子供たちの指導に当たらなくてはならない。したがって，教壇に立ったその日から役に立つ実践的な知識を身に付けていることが，教師としての前提条件となってきているのである。例えば，1年目に担任したクラスでいじめがあることが判明したとする。その時に，適切な対応がとられなければ，自殺という最悪のケースも十分予想できるのである。もちろん，いじめに対する対処の仕方に，必ずこうしなくてはならないという絶対的な解決方法は存在しない。しかし，絶対にしてはいけない指導というものはあり，そうした指導を行うことによって事態を一層悪化させてしまうことが容易に想像できるものがある。そうした指導に関する知識を一切持たない教師がクラス経営を行うということは，暗闇を狂ったコンパスを頼りに航海するようなものである。

したがって，採用試験の段階で，教師として必要最低限の知識を身に付けているかどうかを見極めようとすることは，至極当然のことである。教師として当然身に付けていなければいけない知識とは，教科指導に関するものだけではなく，教育哲学だけでもなく，今日の諸問題に取り組む上で最低限必要とされる実践的な知識を含んでいるのである。そして，そうした資質を見るためには，具体的な状況を設定して，対処の仕方を問う質問が増えてくるのである。

面接試験の備え

実際の面接試験では，具体的な場面を想定して，どのような指導をするか質問されるケースが非常に多くなってきている。その最も顕著な例は模擬授業の増加である。対策としては，自己流ではない授業案を書く練習を積んでおかなくてはならない。

また，いじめや不登校に対する対応の仕方などについては，委員会報告や文部科学省の通達などが出ているので，そうしたものに目を通して理解しておかなくてはいけない。

面接での評価ポイント

面接は人物を評価するために行う。

①面接官の立場から

ア．子供から信頼を受けることができるであろうか。

イ．保護者から信頼を受けることができるであろうか。

ウ．子供とどのようなときも，きちんと向き合うことができるであろうか。

エ．教えるべきことをきちんと教えることができるであろうか。

②保護者の立場から

ア．頼りになる教員であろうか。

イ．わが子を親身になって導いてくれるであろうか。

ウ．学力をきちんとつけてくれるであろうか。

エ．きちんと叱ってくれるであろうか。

具体的な評価のポイント

①第一印象(はじめの1分間で受ける感じ)で決まる

服装，身のこなし，表情，言葉遣いなどから受ける感じ

②人物評価

ア．あらゆるところから誠実さがにじみ出ていなければならない。

イ．歯切れのよい話し方をする。簡潔に話し，最後まできちんと聞く。

ウ．願書等の字からも人間性がのぞける。上手下手ではない。

エ．話したいことが正しく伝わるよう，聞き手の立場に立って話す。

③回答の仕方

ア．問いに対しての結論を述べる。理由は問われたら答えればよい。理由を問われると予想しての結論を述べるとよい。

イ．質問は願書や自己PRを見ながらするであろう。特に自己PRは撒き餌である。

ウ．具体的な方策を問うているのであって，タテマエを求めているのではない。

集団討論では平等な討議

①受験者間の意見の相違はあって当然である。だからこそ討議が成り立つのであるが，食い下がる必要はない。

②相手の意見を最後まで聞いてから反論し，理由を述べる。

③長々と説明するなど，時間の独り占めは禁物である。持ち時間は平等にある。

④現実を直視してどうするかを述べるのはよい。家庭教育力の低下だとか「今日の子供は」という批判的な見方をしてはならない。

面接試験の心構え

教員への大きな期待

面接試験に臨む心構えとして，今日では面接が1次試験，2次試験とも実施され，合否に大きな比重を占めるに至った背景を理解しておく必要がある。

教員の質への熱くまた厳しい視線は，2009年4月から導入された教員免許更新制の実施としても制度化された(2022年7月廃止予定)。

さらに，令和3年1月に中央教育審議会から答申された『令和の日本型学校教育』の構築を目指して～全ての子供たちの可能性を引き出す，個別最適な学びと，協働的な学びの実現～」では，教師が教師でなければできない業務に全力投球でき，子供たちに対して効果的な教育活動を行うことができる環境を作っていくために，国・教育委員会・学校がそれぞれの立場において，学校における働き方改革について，あらゆる手立てを尽くして取組を進めていくことが重要であるとされている。

様々な状況の変化により，これからますます教師の力量が問われることになる。さらに，子供の学ぶ意欲や学力・体力・気力の低下，様々な実体験の減少に伴う社会性やコミュニケーション能力の低下，いじめや不登校等の学校不適応の増加，LD(学習障害)，ADHD(注意欠陥/多動性障害)や高機能自閉症等の子供への適切な支援といった新たな課題の発生など，学校教育をめぐる状況は大きく変化していることからも，これからの教員に大きな期待が寄せられる。

教員に求められる資質

もともと，日本の学校教育制度や教育の質は世界的に高水準にあると評価されており，このことは一定の共通認識になっていると思われる。教師の多くは，使命感や誇りを持っており，教育的愛情をもって子供に接しています。さらに，指導力や児童生徒理解力を高めるため，いろいろな工夫や改善を行い，自己研鑽を積んできている。このような教員の取り組みがあったために，日本の教員は高い評価を得てきている。皆さんは，このような教師たちの姿に憧れ，教職を職業として選択しようとしていることと思われる。

ただ一方で，今日，学校教育や教員をめぐる状況は大きく変化しており，教員の資質能力が改めて問い直されてきているのも事実です。文部科学省の諮問機関である中央教育審議会では，これらの課題に対し，①社会構造の急激な変化への対応，②学校や教員に対する期待の高まり，③学校教育における課題の複雑・多様化と新たな研究の進展，④教員に対する信頼の揺らぎ，⑤教員の多忙化と同僚性の希薄化，⑥退職者の増加に伴う量及び質の確保の必要性，を答申している。

中央教育審議会答申(「教職生活の全体を通じた教員の資質能力の総合的な向上方策について」2012年)では，これからの教員に求められる資質能力を示してる。

(i) 教職に対する責任感，探究力，教職生活全体を通じて自主的に学び続ける力(使命感や責任感，教育的愛情)

(ii) 専門職としての高度な知識・技能

- 教科や教職に関する高度な専門的知識(グローバル化，情報化，特別支援教育その他の新たな課題に対応できる知識・技能を含む)
- 新たな学びを展開できる実践的指導力(基礎的・基本的な知識・技能の習得に加えて思考力・判断力・表現力等を育成するため，知識・技能を活用する学習活動や課題探究型の学習，協働的学びなどをデザインできる指導力)
- 教科指導，生徒指導，学級経営等を的確に実践できる力

(iii) 総合的な人間力(豊かな人間性や社会性，コミュニケーション力，同僚とチームで対応する力，地域や社会の多様な組織等と連携・協働できる力)

また，中央教育審議会答申(「今後の教員養成・免許制度の在り方について」2006年)では，優れた教師の3要素が提示されている。

① 教職に対する強い情熱
教師の仕事に対する使命感や誇り，子どもに対する愛情や責任感など
② 教育の専門家としての確かな力量
子ども理解力，児童・生徒指導力，集団指導の力，学級づくりの力，学習指導・授業づくりの力，教材解釈の力など
③ 総合的な人間力
豊かな人間性や社会性，常識と教養，礼儀作法をはじめ対人関係能力，コミュニケーション能力などの人格的資質，教職員全体と同僚として協力していくこと

さらに中央教育審議会答申(「これからの学校教育を担う教員の資質能力の向上について～学び合い，高め合う教員育成コミュニティの構築に向けて～」2015年)では，新たにこれからの時代の教員に求められる資質能力が示された。

(i) これまで教員として不易とされてきた資質能力に加え，自律的に学ぶ姿勢を持ち，時代の変化や自らのキャリアステージに応じて求められる資質能力を生涯にわたって高めていくことのできる力や，情報を適切に収集し，選択し，活用する能力や知識を有機的に結びつけ構造化する力などが必要である。
(ii) アクティブ・ラーニングの視点からの授業改善，道徳教育の充実，小学校における外国語教育の早期化・教科化，ICTの活用，発達障害を含む特別な支援を必要とする児童生徒等への対応などの新たな課題に対応できる力量を高めることが必要である。
(iii) 「チーム学校」の考えの下，多様な専門性を持つ人材と効果的に連携・分担し，組織的・協働的に諸課題の解決に取り組む力の醸成が必要である。

時代の変革とともに，アクティブ・ラーニングやチーム学校など，

求められる教師の資質や能力も変わっていく。時代に対応できる柔軟性のある教師が求められる。

面接試験の種類とその概要

面接は，基本的に個人面接，集団面接，集団討論，模擬授業の4種類に分けられるが，現在，多様な方法で，その4種類を適宜組み合わせて実施しているところが多くなっている。例えば，模擬授業の後で授業に関する個人面接をしたり，集団討論と集団面接を組み合わせている。また模擬授業も場面指導・場面対応などを取り入れているところが増えてきた。

文部科学省の調査によると，面接官は主に教育委員会事務局職員や現職の校長，教頭などであるが，各自治体は，これに加えて民間企業担当者，臨床心理士，保護者等の民間人等を起用している。次にそれぞれの面接の概要を紹介する。

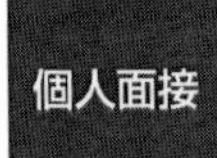

受験者1人に対して，面接官2～3人で実施される。1次試験の場合は「志願書」に基づいて，2次試験の場合は1次合格者にあらかじめ記入させた「面接票」に基づいて質問されることが一般的で，1人当たり10分前後の面接時間である。

1次試験と2次試験の面接内容には大差はないが，やや2次試験の方が深く，突っ込んで聞かれることが多いと言える。

質問の中でも，「教員志望の動機」，「教員になりたい学校種」，「本県・市教員の志望動機」，「理想の教師像・目指す教師像」などは基本的なことであり，必ず聞かれる内容である。「自己アピール」とともに，理由，抱負，具体的な取組などをぜひ明確化しておく必要がある。

また，「志願書」を基にした質問では，例えば部活動の経験や，卒業論文の内容，ボランティア経験などがある。必ず明確に，理由なども含めて答えられるようにしておくことが必要である。そのために「志願書」のコピーを取り，突っ込んで聞かれた場合の対策を立てておくことを勧める。

集団面接

集団面接は受験者3～8名に対して面接官3名で実施される。1次試験で実施するところもある。したがって個人面接と質問内容には大差はない。例えば,「自己アピール」をさせたり,「教員として向いているところ」を聞いたりしている。

ただ1次試験の面接内容と違うところは,先に述べたように,多くの自治体が2次試験受験者に対してあらかじめ「面接票」を書かせて当日持参させて,その内容に基づいて聞くことが多い。したがって,記載した内容について質問されることを想定し,十分な準備をしておく必要がある。例えば,「卒業論文のテーマ」に対して,テーマを設定した理由,研究内容,教師として活かせることなどについて明確化しておく必要がある。ボランティア経験なども突っ込んで聞かれることを想定しておく。

今日では集団面接は受験番号順に答えさせるのではなく,挙手をさせて答えさせたり,受験者によって質問を変えたりする場合が多くなっている。

集団面接では,個人面接と同様に質問の内容自体は難しくなくても,他の受験生の回答に左右されないように,自分の考えをしっかりと確立しておくことが重要である。

集団討論

面接官3名に対して,受験者5～8名で与えられたテーマについて討論する。受験者の中から司会を設けさせるところと司会を設けなくてもよいところ,結論を出すように指示するところと指示しないところがある。

テーマは児童生徒への教育・指導に関することが中心で,討論の時間は30～50分が一般的である。

採用者側が集団討論を実施する意図は,集団面接以上に集団における一人ひとりの資質・能力,場面への適応力,集団への関係力,コミュニケーション力などを観て人物を評価したいと考えているからである。そして最近では,個人面接や集団面接では人物を判断しきれないところを,集団討論や模擬授業で見極めたいという傾向が見受けられる。よって受験者仲間と討論の練習を十分に行い,少しでも教育や児童生徒に対する幅広い知識を得ることはもちろんのこと，必ず自分の考えを構築していくことが，集団討論を乗り切る「要」なのである。

一般に模擬授業は教科の一部をさせるものであるが，道徳や総合的な学習の時間，学級指導などを行わせるところもある。

時間は8分前後で，導入の部分が一般的であるが，最近は展開部分も行わせることもある。直前に課題が示されるところ，模擬授業前に一定の時間を与え，学習指導案を書かせてそれを基に授業をさせるところ，テーマも抽選で自分である程度選択できるところもある。また他の受験生を児童生徒役にさせるところ，授業後，授業に関する個人面接を実施するところなど，実施方法は実に多様である。

ある県では，1次合格者に対して2次試験当日に，自分で設定した単元の学習指導案をもとに授業をさせて，後の個人面接で当該単元設定の理由などを聞いている。またある県では，授業後の個人面接で自己採点をさせたり，授業について質問している。

学級指導を行わせる自治体もある。例えば，福祉施設にボランティアに出かける前の指導や修学旅行前日の指導，最初の学級担任としての挨拶をさせるものなどである。

模擬授業は，集団討論と同様，最近は非常に重要視されている。時間はわずか8分前後であるが，指導内容以上に，与えられた時間内にどれだけ児童生徒を大切にした授業をしようとしたか，がポイントである。それだけに受験生は「授業力」を付ける練習を十分にしておくことが必要である。

模擬授業の一方法と言えるが，設定される課題が生徒指導に関することや，児童生徒対応，保護者対応・地域対応に関するものが主である。個人面接の中で設定される場合もある。

最近の児童生徒の実態や保護者対応などが課題になっていることを受けて，多くのところで実施されるようになってきた。

例えば，「授業中に児童が教室から出て行きました。あなたはどうしますか」とか「あなたが授業のために教室に行ったところ，生徒たちが廊下でたむろして教室に入らないので指導して下さい」，「学級の生徒の保護者から，明日から学校に行かせないとの連絡がありました。担任としてどうするか，保護者に話してください」など，教員になれば必ず直面するテーマが設定されている。

日頃から，自分が教員になった場合の様々な場面を想定して，自分の考えや対応の方法などの構築を進めていくことが必要である。そのためには，集団討論や模擬授業と同様に十分な練習を行うことが必要である。

面接試験に臨むために準備すること

準備のための基本的な視点は次の3点である。

(1)　面接会場の多くは学校の教室である。暑い最中での面接であるから，心身の状態をベストにして臨むことが極めて重要である。

面接のためだけでなく，教職自体が予想以上に心身のタフさが求められることを念頭において，日頃から試験当日に向けて心身の健康の保持に留意すること。

(2)　面接は人物評価の「要」となっているだけに，受験者は「自分をアピールする・売り込む」絶好の機会と捉えて，当日に向けての十分な準備・対策を進めることが極めて大切である。

(3)　自分の受験する自治体の教育施策を熟知し，多様な面接内容などに対処できるようにすることが大切である。

試験対策前の事前チェック

面接試験の準備状況をチェックする

まず面接試験に向けた現在の準備状況を20項目の「**準備状況のチェック**」で自己チェックし，その合計得点から準備の進み具合について調べ，これからどのような準備や学習が必要なのかを考えよう。「はい」「少しだけ」「いいえ」のどれかをマークし，各点数の合計を出す。(得点：はい…2点，少しだけ…1点，いいえ…0点)

Check List 1 準備状況のチェック

	はい	少しだけ	いいえ
① 態度・マナーや言葉づかいについてわかっている	○	○	○
② 自分の特技や特長が説明できる	○	○	○
③ 自分なりの志望の動機を答えられる	○	○	○
④ 自己PRが短時間でできる	○	○	○
⑤ 自分の能力や教員としての適性について説明できる	○	○	○
⑥ 教育に対する考えを明確に説明することができる	○	○	○
⑦ 自分の目指す教師像について説明できる	○	○	○
⑧ 教師として何を実践したいか説明できる	○	○	○
⑨ 希望する校種が決まっている	○	○	○
⑩ 卒論の内容について具体的に説明できる	○	○	○
⑪ 面接試験の内容や方法についてわかっている	○	○	○
⑫ 面接の受け方がわかっている	○	○	○
⑬ 面接試験で何を質問されるのかわかっている	○	○	○
⑭ 模擬面接を受けたことがある	○	○	○
⑮ 集団討議でディスカッションする自信がある	○	○	○
⑯ 模擬授業での教科指導・生徒指導に自信がある	○	○	○
⑰ 受験要項など取り寄せ方やWeb登録を知っている	○	○	○
⑱ 書類など何をそろえたらよいのかわかっている	○	○	○
⑲ 書類などの書き方がわかっている	○	○	○
⑳ 試験当日の準備ができている	○	○	○

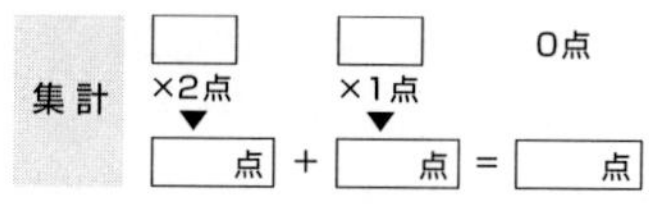

診断

0～14点	15～29点	30～40点
少々準備不足である。他の受験者に遅れを取らないように頑張ろう。	順調に準備が進んでいる。さらに本番に向けて準備を進めよう。	よく準備ができている。自分の考えを整理して，本番に備えよう。

教職レディネスをチェックする

教員採用試験を受験する前に，教員になるための準備がどの程度できているだろうか。教員の職務に必要とされている様々な能力や適性について，まずは確認してみることが必要である。

教員の職務に必要な能力・適性を，**(1) 事務処理**，**(2) 対人関係**，**(3) 教育力・指導力** に分け，それぞれについて，教員になるための準備の程度について考えてみたい。次のチェックシートを使って，自分の教職に対するレディネス(準備性)を評価してみる。CとDの項目については，改善のためのアクションプラン(行動計画)を考えるとよい。

(1) 事務処理能力をチェックする

教育事務は教育活動の中でも，生徒指導を支える重要な役割を果たすものである。学校としてのあらゆる教育計画を企画・立案したり，生徒指導のための資料を収集・整理し，活用できるようにまとめたりすることも，事務処理の優れた能力がなければ実践していくことはできない。教職レディネスとしての事務的能力について，以下の項目をAからDで評価する。

Check List 2 事務処理能力のチェック

A:十分できる　B:できる　C:あまりできない　D:できない

① 言われたことを正しく理解し，実行できる	A—B—C—D
② 計画的に行動し，適正に評価することができる	A—B—C—D
③ 根気強く資料を作ったり，検討することができる	A—B—C—D

④ 物事を正確で丁寧に処理できる Ⓐ—Ⓑ—Ⓒ—Ⓓ
⑤ 計算を速く間違いなくできる Ⓐ—Ⓑ—Ⓒ—Ⓓ
⑥ 記録を付けたり，データを解釈することができる Ⓐ—Ⓑ—Ⓒ—Ⓓ
⑦ 文字や数字などを速く正確に照合できる Ⓐ—Ⓑ—Ⓒ—Ⓓ
⑧ 文章を理解し，文章で自分の考えを伝えられる Ⓐ—Ⓑ—Ⓒ—Ⓓ
⑨ データをグラフ化したり，考えを図式化できる Ⓐ—Ⓑ—Ⓒ—Ⓓ
⑩ 分析したり，まとめたり，計画を立てられる Ⓐ—Ⓑ—Ⓒ—Ⓓ

(2) 対人関係能力をチェックする

教育は人と人との関わりを通して行われるものであり，児童・生徒は教師の人格や対人関係能力などによって大きな影響を受けるものである。児童・生徒への適切な指導や保護者との連携，地域との関わり，先輩教員とのコミュニケーションなど対人関係能力は教職にとって欠くことのできない基本的な要素だと言える。教職レディネスとしての対人関係能力について，以下の項目を前述と同様にAからDで評価してみよう。

Check List 3 対人関係能力のチェック

A：十分できる　B：できる　C：あまりできない　D：できない

① 考えていることをうまく言葉で表現できる Ⓐ—Ⓑ—Ⓒ—Ⓓ
② あまり神経質でなく，劣等感も少ない Ⓐ—Ⓑ—Ⓒ—Ⓓ
③ 社交性があり，誰とでも協調していくことができる Ⓐ—Ⓑ—Ⓒ—Ⓓ
④ 初対面でも気楽に話すことができる Ⓐ—Ⓑ—Ⓒ—Ⓓ
⑤ 相手に好感を与えるような話しぶりができる Ⓐ—Ⓑ—Ⓒ—Ⓓ
⑥ 奉仕的な気持ちや態度を持っている Ⓐ—Ⓑ—Ⓒ—Ⓓ
⑦ 何事にも，機敏に対応できる Ⓐ—Ⓑ—Ⓒ—Ⓓ
⑧ 相手の気持ちや考えをよく理解できる Ⓐ—Ⓑ—Ⓒ—Ⓓ
⑨ 相手の立場になって考えたり，行動できる Ⓐ—Ⓑ—Ⓒ—Ⓓ
⑩ 他人をうまく説得することができる Ⓐ—Ⓑ—Ⓒ—Ⓓ

(3) 教育力・指導力をチェックする

教師としての教育力や指導力は，教員の職務上，もっとも重要な能力であると言える。教師として必要な知識や指導方法などを知ってい

ても，実際にそれらを活用して指導していけなければ何にもならない。教育力・指導力は，教育活動の中で生徒指導を実践していくための教職スキルであると言うことができる。教職レディネスとしての教育力・指導力について，以下の項目をAからDで評価してみよう。

Check List 4 教育力・指導力のチェック

A:十分できる　B:できる　C:あまりできない　D:できない

① 責任感が強く，誠実さを持っている	A—B—C—D
② 児童・生徒への愛情と正しい理解を持っている	A—B—C—D
③ 常に創意工夫し，解決へと努力することができる	A—B—C—D
④ 何事にも根気強く対応していくことができる	A—B—C—D
⑤ 正しいことと悪いことを明確に判断し行動できる	A—B—C—D
⑥ 人間尊重の基本精神に立った教育観を持っている	A—B—C—D
⑦ 教科に関する知識や指導方法などが身に付いている	A—B—C—D
⑧ 問題行動には毅然とした態度で指導することができる	A—B—C—D
⑨ 研究や研修に対する意欲を持っている	A—B—C—D
⑩ 教科に関する知識や指導方法などが身に付いている	A—B—C—D
⑪ 授業を計画したり実践する力がある	A—B—C—D
⑫ 教育公務員としての職務を正しく理解している	A—B—C—D
⑬ 学習指導要領の内容をよく理解できている	A—B—C—D

面接の心構えをチェックする

面接への心構えはもうできただろうか。面接試験に対する準備状況を チェックしてみよう。できている場合は「はい」，できていない場合は「いいえ」をチェックする。

Check List 5 面接の心構えのチェック

	はい	いいえ
① 面接に必要なマナーや態度が身に付いているか	○	○
② 面接でどのような事柄が評価されるかわかっているか	○	○
③ 面接にふさわしい言葉づかいができるか	○	○
④ 受験先のこれまでの面接での質問がわかっているか	○	○
⑤ 話をするときの自分のくせを知っているか	○	○

⑥ 教員の仕事について具体的に理解しているか
⑦ 必要な情報が集められているか確認したか
⑧ 志望した動機について具体的に話せるか
⑨ 志望先の教育委員会の年度目標などを説明できるか
⑩ 志望先の教育委員会の教育施策について説明できるか

面接試験の意義

教員採用試験における筆記試験では，教員として必要とされる一般教養，教職教養，専門教養などの知識やその理解の程度を評価している。また，論作文では，教師としての資質や表現力，実践力，意欲や教育観などをその内容から判断し評価している。それに対し，面接試験では，教師としての適性や使命感，実践的指導能力や職務遂行能力などを総合し，個人の人格とともに人物評価を行おうとするものである。

教員という職業は，児童・生徒の前に立ち，模範となったり，指導したりする立場にある。そのため，教師自身の人間性は，児童・生徒の人間形成に大きな影響を与えるものである。そのため，特に教員採用においては，面接における人物評価は重視されるべき内容と言える。

面接試験のねらい

面接試験のねらいは，筆記試験ではわかりにくい人格的な側面を評価することにある。面接試験を実施する上で，特に重視される視点としては次のような項目が挙げられる。

(1)　人物の総合的評価

面接官が実際に受験者と対面することで，容姿，態度，言葉遣いなどをまとめて観察し，人物を総合的に評価することができる。これは，面接官の直感や印象によるところが大きいが，教師は児童・生徒や保護者と全人的に接することから，相手に好印象を与えることは好ましい人間関係を築くために必要な能力といえる。

(2)　性格，適性の判断

面接官は，受験者の表情や応答態度などの観察から性格や教師としての適性を判断しようとする。実際には，短時間での面接のため，社会的に，また，人生の上からも豊かな経験を持った学校長や教育委員会の担当者などが面接官となっている。

(3) 志望動機，教職への意欲などの確認

志望動機や教職への意欲などについては，論作文でも判断することもできるが，面接では質問による応答経過の観察によって，より明確に動機や熱意を知ろうとしている。

(4) コミュニケーション能力の観察

応答の中で，相手の意志の理解と自分の意思の伝達といったコミュニケーション能力の程度を観察する。中でも，質問への理解力，判断力，言語表現能力などは，教師として教育活動に不可欠な特性と言える。

(5) 協調性，指導性などの社会的能力(ソーシャル・スキル)の観察

ソーシャル・スキルは，教師集団や地域社会との関わりや個別・集団の生徒指導において，教員として必要とされる特性の一つである。これらは，面接試験の中でも特に集団討議(グループ・ディスカッション)などによって観察・評価されている。

(6) 知識，教養の程度や教職レディネス(準備性)を知る

筆記試験において基本的な知識・教養については評価されているが，面接試験においては，更に質問を加えることによって受験者の知識・教養の程度を正確に知ろうとしている。また，具体的な教育課題への対策などから，教職への準備の程度としての教職レディネスを知ることができる。

●書籍内容の訂正等について

弊社では教員採用試験対策シリーズ（参考書，過去問，全国まるごと過去問題集），公務員試験対策シリーズ，公立幼稚園・保育士試験対策シリーズ，会社別就職試験対策シリーズについて，正誤表をホームページ（https://www.kyodo-s.jp）に掲載いたします。内容に訂正等，疑問点がございましたら，まずホームページをご確認ください。もし，正誤表に掲載されていない訂正等，疑問点がございましたら，下記項目をご記入の上，以下の送付先までお送りいただくようお願いいたします。

> ① **書籍名，都道府県（学校）名，年度**
> （例：教員採用試験過去問シリーズ　小学校教諭 過去問　2025 年度版）
> ② **ページ数**（書籍に記載されているページ数をご記入ください。）
> ③ **訂正等，疑問点**（内容は具体的にご記入ください。）
> （例:問題文では“ア～オの中から選べ”とあるが，選択肢はエまでしかない）

〔ご注意〕

○ 電話での質問や相談等につきましては，受付けておりません。ご注意ください。

○ 正誤表の更新は適宜行います。

○ いただいた疑問点につきましては，当社編集制作部で検討の上，正誤表への反映を決定させていただきます（個別回答は，原則行いませんのであしからずご了承ください）。

●情報提供のお願い

協同教育研究会では，これから教員採用試験を受験される方々に，より正確な問題を，より多くご提供できるよう情報の収集を行っております。つきましては，教員採用試験に関する次の項目の情報を，以下の送付先までお送りいただけますと幸いでございます。お送りいただきました方には謝礼を差し上げます。

（情報量があまりに少ない場合は，謝礼をご用意できかねる場合があります）。

◆あなたの受験された面接試験，論作文試験の実施方法や質問内容

◆教員採用試験の受験体験記

送付先	○電子メール：edit@kyodo-s.jp ○FAX：03-3233-1233（協同出版株式会社　編集制作部 行） ○郵送：〒101-0054　東京都千代田区神田錦町2-5 協同出版株式会社　編集制作部 行 ○HP:https://kyodo-s.jp/provision（右記のQRコードからもアクセスできます）	

※謝礼をお送りする関係から，いずれの方法でお送りいただく際にも，「お名前」「ご住所」は，必ず明記いただきますよう，よろしくお願い申し上げます。

教員採用試験「過去問」シリーズ

山口県の
論作文・面接 過去問

編　集　　© 協同教育研究会
発　行　　令和6年1月10日
発行者　　小貫　輝雄
発行所　　協同出版株式会社
〒101-0054　東京都千代田区神田錦町2－5
電話　03－3295－1341
振替　東京00190－4－94061
印刷所　　協同出版・POD工場

落丁・乱丁はお取り替えいたします。